Fritz Reuter.

Wenn einer Augen hat zu sehen ...

Sein Leben
in Bildern und Texten
Von
Arnold Hückstädt

VEB Hinstorff Verlag
Rostock

Hückstädt, Arnold:
Wenn einer Augen hat zu sehen ... : Fritz Reuter ; sein Leben in Bildern u. Texten / von Arnold Hückstädt. – 2. Aufl. – Rostock: Hinstorff Verl., 1988. – 192 S. : zahlr. Ill. (z.T. farb.)

ISBN 3-356-00043-8

2. Auflage 1988. Lizenz-Nr. 391/240/85/88
Printed in the German Democratic Republic
Einbandgestaltung und Gesamtausstattung:
Rudolf Grüttner
Satz: INTERDRUCK
Graphischer Großbetrieb Leipzig,
Betrieb der ausgezeichneten Qualitätsarbeit,
III/18/97
Druck und Binden: Grafische Werke Zwickau
Bestell-Nr. 522 732 1

02480

Vorwort

Sie haben einander die Treue gehalten: der Mecklenburger Mundartdichter Fritz Reuter und sein niederdeutsches Publikum. Ihr Treueverhältnis währt nun schon über 130 Jahre. 1853, unmittelbar nach Erscheinen der »Läuschen un Rimels«, war es entstanden. Nahezu ungestört dauerte es über die Zeiten fort, hin bis in unsere Tage.

Aus der Verbundenheit mit den einfachen Menschen seiner mecklenburgischen Heimat, aus der »Liebe zu dem Volke, wie's nun einmal ist«, war Fritz Reuter die Kraft erwachsen, unvergängliche plattdeutsche Vers- und Prosadichtungen zu schaffen. Er sprach nicht bloß wie die »kleinen Leute«, er dachte und empfand auch wie sie. Mit ihnen war er heiter, wo das Leben freundliche Augenblicke für sie bereithielt, und er weinte mit ihnen, wenn die Sorgen des Tages und die Fährnisse der Zeit sie zu erdrücken drohten. Sein Lachen, ob in den »Läuschen« oder in der humoristischen Prosa, war ihr Lachen, und es richtete sich von unten nach oben. Sein aus sozialem Mitempfinden hervorgegangenes Mitleiden machte ihn ernst, doch es drückte ihn nicht nieder. Aufbegehrend, wie im rebellischen »Kein Hüsung«, erhob er Anklage gegen Menschenfeindlichkeit und Unrecht.

Reuters Bücher – von den frühen »Läuschen« bis zum späten »Dörchläuchting« – bilden einen wertvollen und unaustauschbaren Beitrag zur deutschen Nationalliteratur. Denn als Medium der literarischen Gestaltung wählte er die Sprachform der unteren Volksschichten, das Plattdeutsche. Er verwendete es nicht als modischen mundartlichen Überwurf, sondern als bewußtes künstlerisches Gestaltungsmittel, gleichsam als Ausdruck liebevoller Hinwendung, als Bekenntnis zum Volk, zu dessen Denk-, Sprech- und Fühlweise. Dadurch erhielten seine Werke ihr unverwechselbares Gepräge und eine Anziehungskraft, die seit eh und je ein großes Publikum gefangen hält.

Auch heute haben sie kaum etwas von ihrer Faszination und Wirkung eingebüßt. Ihre Auflagenziffern erlangen zwar nicht mehr jene ungewöhnlichen Höhen wie im letzten Drittel des vorigen und zu Beginn unseres Jahrhunderts, doch sie etwa aus mangelnder Rezeptionsbereitschaft gering zu bemessen, ist keineswegs vonnöten. Alle seine bekannten Schriften erreichen immer noch und immer wieder bemerkenswert hohe und häufige Auflagen. Allein der Hinstorff Verlag Rostock hat, getreu seiner Tradition als Reuterverlag, in den zurückliegenden vier Jahrzehnten nach 1945 immerhin 245 000 Reuterbücher herausgegeben, sowohl in Gestalt gesammelter Ausgaben wie auch als Auflagen einzelner Werke.

Fritz Reuter wird gelesen, zunehmend mehr und – trotz des großen zeitlichen und gesellschaftlichen Abstandes zur Wirklichkeit seiner Helden und Geschichten – mit reichem ideellem Gewinn: historische Einsichten vertiefend, wahres Menschentum fördernd und Vergnügen bereitend. Durch seine Werke ist Reuter populär geblieben. Seine Figuren sind lebendig. Man kennt und benutzt ihre Redensarten. Oft leben sie sogar jenseits der Literatur im Volk weiter, geben ihre Namen her zu ehrender Weihe oder zu spöttischer Neckerei mit Spitznamen, die dem volkstümlichen Figurenensemble seiner Dichtungen entlehnt sind.

Mit der Popularität der Werke Reuters ging die wachsende Wertschätzung des Autors einher. Das Interesse der Leser richtete sich mehr denn je auf das Leben Reuters, auf all die Umstände, die dieses Leben so exemplarisch machen für aufrechtes Bemühen um den Menschheitsfortschritt. Auch hatte sich dem Gedächtnis des Volkes fest eingeprägt, daß es da keine Widersprüche gab zwischen den humanistischen Grundaussagen der Werke und der aufrechten demokratischen Haltung Reuters.

Der Wunsch also, neben reinen Textinterpretationen und Wortdarstellungen über Fritz Reuter den Zugang zu ihm auch über das Betrachten von Bildhaftem erlangen zu können, wurde zu einem sich immer stärker ausprägenden Rezeptionsbedürfnis. In visueller Begegnung mit Dokumenten, Bildern und Zeitzeugnissen dem Dichter nahe zu sein und wichtige Stationen seines Lebens und seiner Entwicklung authentisch belegt zu finden ist ein Anspruch, dem nicht nur verschiedene Ausstellungen in Museen und Gedenkstätten gewidmet sind, sondern den auch der vorliegende Bildband zu erfüllen sucht.

Die getroffene Bildauswahl umfaßt 254 Abbildungen. Sie ist chronologisch angelegt und folgt biographischen Abläufen. Eingeteilt in zehn Kapitel, macht sie die formenden Einflüsse in Reuters Kindheit und Jugend (Elternhaus, Schule, Studium) sichtbar, dokumentiert sein politisches Martyrium während der Festungsjahre, akzentuiert seine oppositionellen Aktivitäten im Jahr 1848 und davor, zeigt ihn als Privatlehrer und beginnenden niederdeutschen Autor in Treptow an der Tollense, sodann auf der Höhe des Schaffens in Neubrandenburg und schließlich während der letzten Jahre im thüringischen Eisenach und macht sorgfältig mit allen seinen bedeutenden Werken vertraut, indem insbesondere zeitgenössische Illustrationen zur Handlungs- und Figurenveranschaulichung herangezogen werden.

Da weder die Biographie Reuters noch sein literarisches Werk autonomen Gebilden gleichen, sondern Vorgänge und Produkte darstellen, die von vielfältigen sozialen Bedingungsgefügen abhängen und stark mit Geschichtlichem verknüpft sind, so enthalten die arrangierten Bildensembles folglich auch Motive und Dokumente, die die komplizierten Beziehungen zwischen Autor, Dichtung und Gesellschaft zum Ausdruck bringen. Sie ordnen sich in den Zusammenhang biographischer bzw. werkbezogener Bildbelege ein und sind vor allem dort zu finden, wo sie Höhepunkte oder Umbrüche in Reuters künstlerischer Entwicklung markieren und wesentlich dazu beitragen, den Dichter und sein literarisches Anliegen besser zu verstehen.

Als Hinführung zum Werk Reuters wollen die zahlreichen Illustrationen dienen, die in der mehr als 125jährigen Geschichte der Reuter-Illustrationen entstanden und in Form eines repräsentativen Querschnittes in den Bildband aufgenommen worden sind. Sie stellen bildkünstlerische Deutungen der dichterischen Aussagen dar, veranschaulichen Hauptmomente der Handlung und geben den literarischen Gestalten überzeugende Bildlösungen. Ob sie fabelfolgend angeordnet sind und von der Hand eines Künstlers herrühren, wie beim »Hanne Nüte«, oder ob sie aus verschiedenen Zeiten von unterschiedlichen Illustratoren mit teilweise divergierenden Auffassungen stammen, wie bei »Kein Hüsung«, immer erstreben sie eine Annäherung ans Werk, erteilen sie Impulse zur Erschließung der Dichtung, zum tieferen Eindringen in die von Reuter gestalteten Geschichten und Menschenschicksale.

Ein besonderer Reiz geht von den in dieser Auswahl vertretenen 28 Bildern aus, die Fritz Reuter gemalt oder gezeichnet hat. Als Literat und Maler verfügte er über eine echte Doppelbegabung. Den sich anfänglich (nach 1840) auftuenden Konflikt hinsichtlich der zu ergreifenden künstlerischen Berufsrichtung löste er durch eine allmähliche Rückstufung des Malens und Zeichnens in den Rang einer Gelegenheitsbeschäftigung.

Obwohl seine Arbeiten, vorwiegend Porträts, kaum die Schwelle des Dilettantismus überschreiten, sind sie doch erfrischend und liebenswert und besitzen einen hohen kulturgeschichtlichen und unschätzbaren autobiographischen Dokumentationswert.

Schon mehrfach wurden Reuterdarstellungen reich mit Bildern ausgestattet. Immer aber stand der Text im Vordergrund, die Bilder figurierten lediglich als schmückendes Beiwerk.

Zur vorliegenden Bildbiographie, bei der das Schwergewicht eindeutig auf den Bildern liegt, gibt es im eigentlichen Sinne Vergleichbares aus der bestehenden Reuter-Sekundärliteratur nicht.

So möge ein Bild-Text-Band entstanden sein, der mit seiner Synthese von Schaubarem und Lesbarem ein objektives und einprägsames Bild Fritz Reuters anbietet und der die Bereitschaft des Publikums weiter entfalten und vertiefen hilft, sich Leben und Werk dieses Großen der niederdeutschen Literatur zu erschließen.

1.
Stavenhagen – Elternhaus und Kindheit

Fritz Reuter.
Stich von A. Weger, Leipzig, nach einer Bleistiftzeichnung von Theodor Schloepke, 1860, herausgegeben von der Hinstorffschen Verlagsbuchhandlung zu Wismar.

»Ich habe aber ebenfalls sehr kämpfen und streiten müssen, und wenn einer Augen hat zu sehen, so wird er zwischen den Zeilen meiner Schreibereien herauslesen müssen, daß ich immer Farbe gehalten habe und daß die Ideen, die den jungen Kopf beinahe unter das Beil gebracht hätten, noch in dem alten fortspuken.« Brief Reuters an Franz Wachsmuth, vom 16. August 1864.

»Soll ich aber noch hinzufügen, welchen besonderen Umständen ich meine etwaige poetische Ader verdanken zu haben glaube, so bin ich der Meinung, daß meine Mutter in der ersten Jugendzeit hierauf den größten Einfluß geübt hat, daß später die Festungszeit durch die fortwährenden Phantasiespiele, die man in Ermangelung unterhaltender Wirklichkeit heraufzubeschwören gezwungen ist, der Klarheit und Deutlichkeit der Vorstellungen förderlich gewesen ist und daß sie mich befähigt hat, den Menschen kennenzulernen. Im regen Verkehr mit vielen Menschen mag man die Menschen besser explorieren, ist man aber jahrelang auf einen Umgang angewiesen, glaube ich, lernt man den Menschen besser kennen. Meine landwirtschaftliche Karriere, meine in einer kleinen ackerbautreibenden Stadt hingebrachte Jugendzeit sowie auch der stete Verkehr mit plattdeutsch redenden Landsleuten auf Universität und Festung hat sicherlich mir meine Richtung als plattdeutscher Dichter vorgeschrieben; meine Liebe zu dem Volke, wie's nun einmal ist, auch das Glück, welches ich mit meinen ersten Versuchen hatte, haben das Ihre dazu getan.«
Brief Reuters an Richard Schröder, vom Februar 1861.

»Mehr als fünfundvierzig Jahre sind an den räucherigen Dächern meiner kleinen Vaterstadt hingerollt, seit ich die ersten deutlichen Eindrücke von der Erhabenheit seines Kirchturms, der Großartigkeit seines Rathauses und der Majestät seines Amtsgebäudes, gewöhnlich ›das Schloß‹ genannt, empfing. Drei neue Straßen haben seit jener Zeit die Gestalt der Stadt so verändert, daß ich mich mit Mühe darin zurechtfinde, und ausnahmsweise kühne Männer haben den Schutz des zur Sommerzeit etwas übel riechenden Wallgrabens verschmäht und sich vor den Toren angesiedelt, jeder Gefahr keck die Stirne bietend. …
Wie ganz anders war es in meinen Kinderjahren! Ungefähr monatlich einmal zog kotbespritzt ein einsamer Probenreiter (Handlungsreisender; – A. Hü.) auf buglahmem Gaule in die Tore der Stadt und erkundigte sich im ergötzlichen ausländischen Dialekte bei einem Straßen-

Stavenhagen um 1850.
Stahlstich von Poppel und Kurz nach einer Zeichnung von J. Gottheil, herausgegeben von B. S. Berendsohn, Hamburg (1855).

*jungen, etwa bei mir, nach dem einzigen Gasthofe des Städtchens. …
Posten (Postkutschen; – A. Hü.) kamen damals auch und zeichneten sich durch die Zufälligkeit ihrer Ankunft aus. Zur Herbst-, Frühjahrs- oder Winterzeit namentlich kam gewöhnlich der Postillon auf einem Vorderpferde voraufgesprengt und brachte die tröstliche Nachricht, die Post würde bald kommen, sie wäre schon beim Bremsenkrug; ›äwer dor is sei tau Senk drewen‹.«*
Aus »Meine Vaterstadt Stavenhagen«.

»As de Herr Amtshauptmann ut de Gerichtsstuw' gung, gung hei snurstracks nah de anner Sid von de Däl nah en Flag, wo hei vörher un nahher oftmals kamen is, nah de Stuw' von min Mutting – denn wi wahnten in dat Rathus. … Min Mutting höll em de Hand entgegen, denn upstahn kunn sei nich, sei was lahm in 'ne swere Krankheit worden, un ick heww sei nich anners kennt, as dat sei in ehre gauden Tiden up en Staul satt un neiht, so flitig, so flitig, as wiren ehr armen swacken Hän'n gesund, un dat sei in ehre slimmen Tiden tau Bedd lagg un unner Weihdag' in de Bäuker les'. Wat dat för Bäuker wiren, weit ick nich mihr; äwer Romanen wiren 't nich, un dat weit ick blot, dat den ollen Herrn Amtshauptmann sin Mark Aurel dor mitunnerlep, denn ick müßt em hen un her dragen.«
Aus »Ut de Franzosentid«, Kapitel 12.

Reuters Mutter, Johanna Luisa Sophia Ölpke (1787 bis 1826). Reuters Mutter war die Tochter des königlich-schwedischen Stadtrichters und Bürgermeisters Nicolaus Ölpke zu Tribsees. Am 23. Februar 1810 wurde sie die Ehefrau des Stavenhagener Bürgermeisters Reuter. Ab 1812 litt sie an einer Körperlähmung. Unbezeichnetes Ölgemälde.

»Meine Mutter, damals noch sehr jung, war eine kleine, blonde Frau mit hellen blauen Augen und einem lebhaften Gesichtsausdruck; meine aufgestutzte Nase hatte sie nicht. Sie trug eine Mütze von durchsichtigem Zeuge von der beistehenden Form und einen oben anschließenden Oberrock.«
Brief Reuters an Ludwig Pietsch, vom 22. August 1865.

»Er war fast vierzig Jahre hindurch Triebfeder und Unruh in der Uhr des städtischen Lebens, und was mehr sagen will: er war auch ihr Pendel und Regulator. Eine unermüdliche Arbeitskraft machte seine nähere und weitere Umgebung fruchtbar; eine peinliche Ordnungsliebe in Lebensweise und Geschäftsführung hielt diesem Vorwärtsdrängen und Streben das glückliche Gleichgewicht. Was für das städtische Wohl gewonnen wurde, ward durch ihn gewonnen und erhalten, und zwar durch ihn allein und nach seinem Willen; denn daß sich bei ihm in dem langen Verlauf seines Wirkens und bei fast vollkommenem Mangel an anderer Einsicht und Hülfe ein starker Eigenwille ausprägen mußte, war nicht mehr als natürlich. ... Außer dem Raps, der hier und da nur höchst sporadisch gebaut wurde, kannte man in Mecklenburg damals noch keines von den sogenannten Handelsgewächsen. Mein Vater war der erste, der sich in dem Bau derselben versuchte: die Gewürzpflanzen Kümmel, Koriander und Anis, die Färbepflanzen Krapp, Waid, Wau, die Futtergewächse Luzerne, Esparsette und die Runkel- und Steckrübe, dann auch die Weberkarde, mußten der Reihe nach es sich gefallen lassen, mit dem mecklenburgischen Boden und Klima Bekanntschaft zu machen.«
Aus »Meine Vaterstadt Stavenhagen«.

Reuters Vater, Georg Johann Jakob Reuter (1776 bis 1845). Von 1808 bis 1845 war G.J.J.Reuter Bürgermeister und Stadtrichter in Stavenhagen. Für den privaten Bedarf betrieb er eine mustergültige, etwa 50 Hektar umfassende Landwirtschaft und erwarb sich um die gewerbliche Verwertung der Ackerprodukte (mit Krappmühle und Bierbrauerei) weitreichende Verdienste. Kreide-Tuschzeichnung; von Fritz Reuter aus der Erinnerung gezeichnet, 1846.

Tür des Stavenhagener Rathauses. Ihren Schmuck bilden elegante Ornamente des Rokoko auf den reichlich verzierten Türflügeln und im Oberlicht. Foto, 1984.

Rathaus zu Stavenhagen, erbaut zwischen 1785 und 1788. Im Rathaus wurde Fritz Reuter am 7. November 1810 als Sohn des Bürgermeisters Reuter geboren. Die elterliche Familie bewohnte die linke Seite des Erdgeschosses. Der vordere Eckraum ist Fritz Reuters Geburtszimmer. Lichtbild, um 1873.

De Stuw' von sin Mutting, Fritz Reuters Geburtszimmer. Jetzt eingerichtet mit Möbeln aus dem Besitz von Reuters Eltern und mit Wohngut aus Stavenhagen zwischen 1800 und 1850. Foto, 1983.

Aus dem Amts- und Gerichtszimmer des Bürgermeisters und Stadtrichters: der alte Stavenhagener Ratsstubentisch, Arbeitsplatz für Reuters Vater von 1808 bis 1845. Blick in Raum 2 des Fritz-Reuter-Literaturmuseums Stavenhagen. Foto, 1984.

Vergoldete Wanduhr, die seit Generationen zum Besitz der Familie Reuter gehörte. Sie befindet sich im Fritz-Reuter-Literaturmuseum Stavenhagen. Foto, 1984.

»Zu dem Kliefothschen Alphorn (eine Art Schalmei – A. Hü.) gesellte sich nun etwas später die dritte Segnung, die von Stavenhagen über Mecklenburg kam, das bayerische Bier … Von den Eigenschaften des ›Stemhäger Burmeisterbiers‹ habe ich mich mit ›vielen anderen‹ seinerzeit hinlänglich überzeugt, und ich bin gewiß, daß ›viele andere‹ mit mir ein günstiges Urteil über dasselbe fällen werden. So waren sie denn eingezogen in mein teures Vaterland, diese beiden Genien der Menschheit.
›Der Herr vom Rhein im goldnen Kleid, der Bier in braunen Jacken‹ –
der Herr vom Rhein an der Hand des Crivitzer, der Bier an der Hand des ›Stemhäger‹ Bürgermeisters.«
Aus »Meine Vaterstadt Stavenhagen«.

Hofgebäude der vom Bürgermeister Reuter um 1835 errichteten Bierbrauerei. Das hier gebraute »Stemhäger Burmeisterbier« war weithin beliebt. Die Brauerei ging am 24.1. 1840 in den Besitz von Ernst Reuter über, dem Neffen und Schwiegersohn des Bürgermeisters Reuter. Lichtbild, um 1900.

Westseite des Stavenhagener Marktes. In der Mitte das Gebäude der Conditorei Wolter, in deren Gastwirtschaft Fritz Reuter später oft einkehrte. Lichtbild, um 1860.

Tür der ehemaligen Stavenhagener Apotheke. Die Apotheke wurde um 1779 erbaut, ihr erster Besitzer war Gottfried Lindner. August Friedrich Herse hatte sie von 1798 bis 1814 in Pacht. Danach wurde sie von ihrem Eigentümer Dr. Carl Christoph Grischow bis zu dessen Tod 1860 geleitet. Das Apothekengebäude wurde im zweiten Weltkrieg 1945 total zerstört. Lichtbild, um 1900.

»... nicht allein die Pietät, sondern auch die Gerechtigkeit verlangt, daß ich noch ein paar Worte über meinen Onkel Herse sage, man möchte sich sonst aus seinem Auftreten in diesem Buche sowie in den ›Ollen Kamellen‹ eine falsche Vorstellung von ihm bilden, weil ich ihn meistens von seiner komischen Seite dargestellt habe. Die hatte er freilich, und ich glaube sie nicht verzeichnet zu haben, aber wenn ich meinen alten, guten Onkel umkehre, was mir trotz seiner Korpulenz nicht schwer werden soll, weil so manche freundliche Jugenderinnerung mir dabei hilft, so zeigt er noch ein anderes Gepräge außer seinem breiten Puckel – das der Gemütlichkeit. ... Er war unser voluminöses Konversationslexikon, welches wir beliebig aufschlugen und worin wir blätterten, wenn es uns einfiel. Onkel Herse wußte alles, konnte alles; tausend kleine praktische Handgriffe sahen wir seinen hübschen, fetten Händen ab, und immer heiter und unverdrossen, lehrte er uns bald ein Gewehr laden und es abschießen, bald Klammern schneiden und Stöcke beizen, bald Blumen und Bäume pflanzen, Weinstöcke beschneiden und bald Mäuse und Ratten fangen. Er lehrte uns die schönsten Kinderspiele, machte uns die ersten Drachen und malte wunderschöne abscheuliche Gesichter darauf, ließ sie selbst steigen und freute sich ebenso wie wir, wenn seine Medusengesichter auf die Stadt hinabblickten und die alten Weiber derselben mit Bewunderung und Schrecken erfüllten. Er führte uns in die Felder und wußte für jedes Unkraut einen hübschen lateinischen Namen, er führte uns in den Wald, wußte für jeden Waldgesang den richtigen Vogel herauszufinden und legte den Tönen einen menschlichen Text unter.«
Aus »Meine Vaterstadt Stavenhagen«.

Apotheker und Ratsherr August Friedrich Herse (1775 bis 1829), von Fritz Reuter liebevoll Onkel Herse oder plattdeutsch Unkel Hers' genannt. Herse wurde 1810 Ratsherr beim Bürgermeister Reuter und 1817 Notar in Stavenhagen. Er war Fritz Reuters väterlicher Freund und Lehrer in Schönschreiben, Malen und Turnen. – Tritt als Figur in vielen Werken Reuters auf. Zeitgenössischer Scherenschnitt.

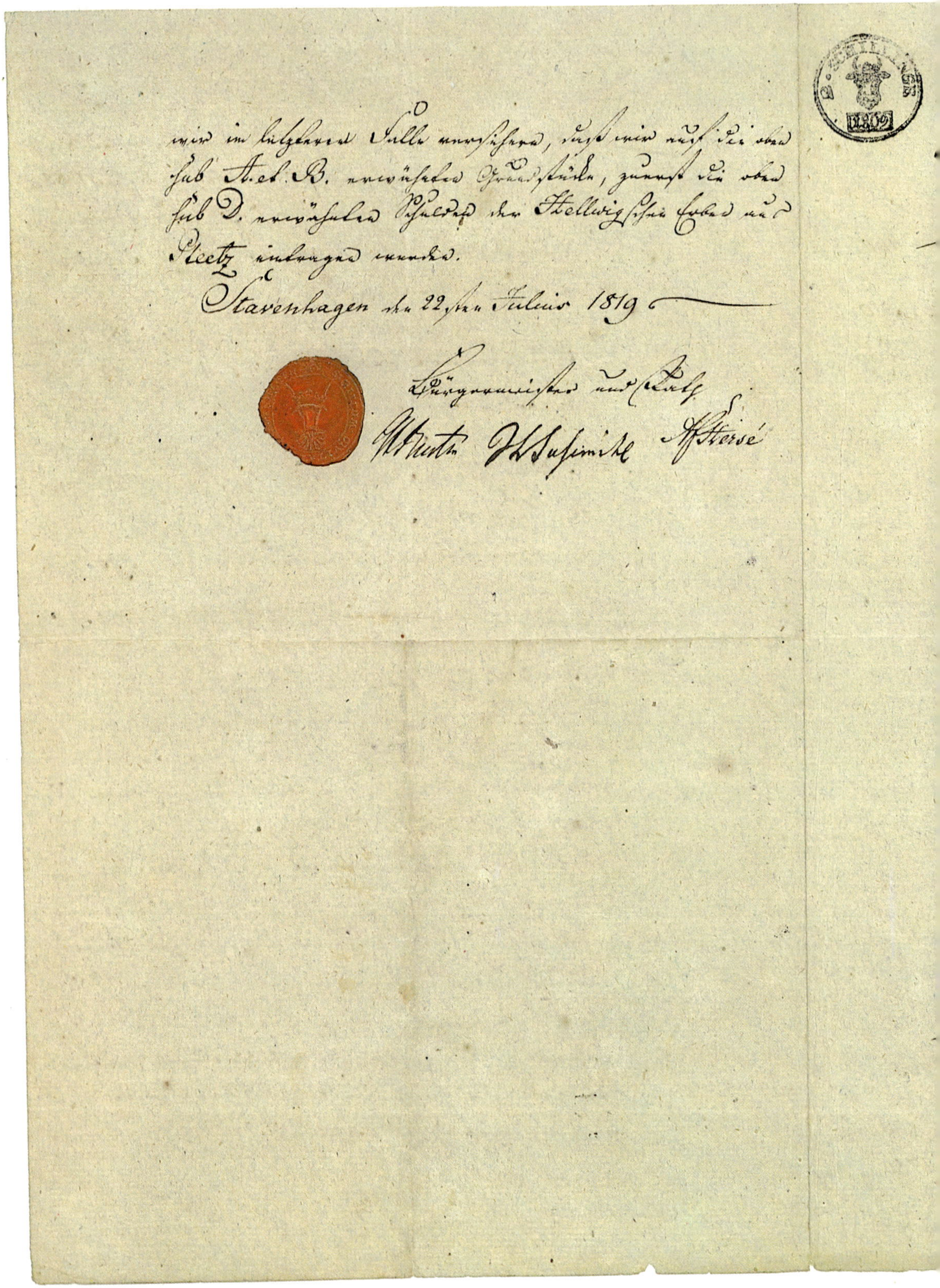
wir im letzteren Falle versichern, daß wir auf die oben
sub A. et B. erwähnten Grundstücke, zuerst die oben
sub D. erwähnten Schulden der Hellwigschen Erben zu
Steetz eintragen werden.
Stavenhagen den 22sten Julius 1819.
Bürgermeister und Rath

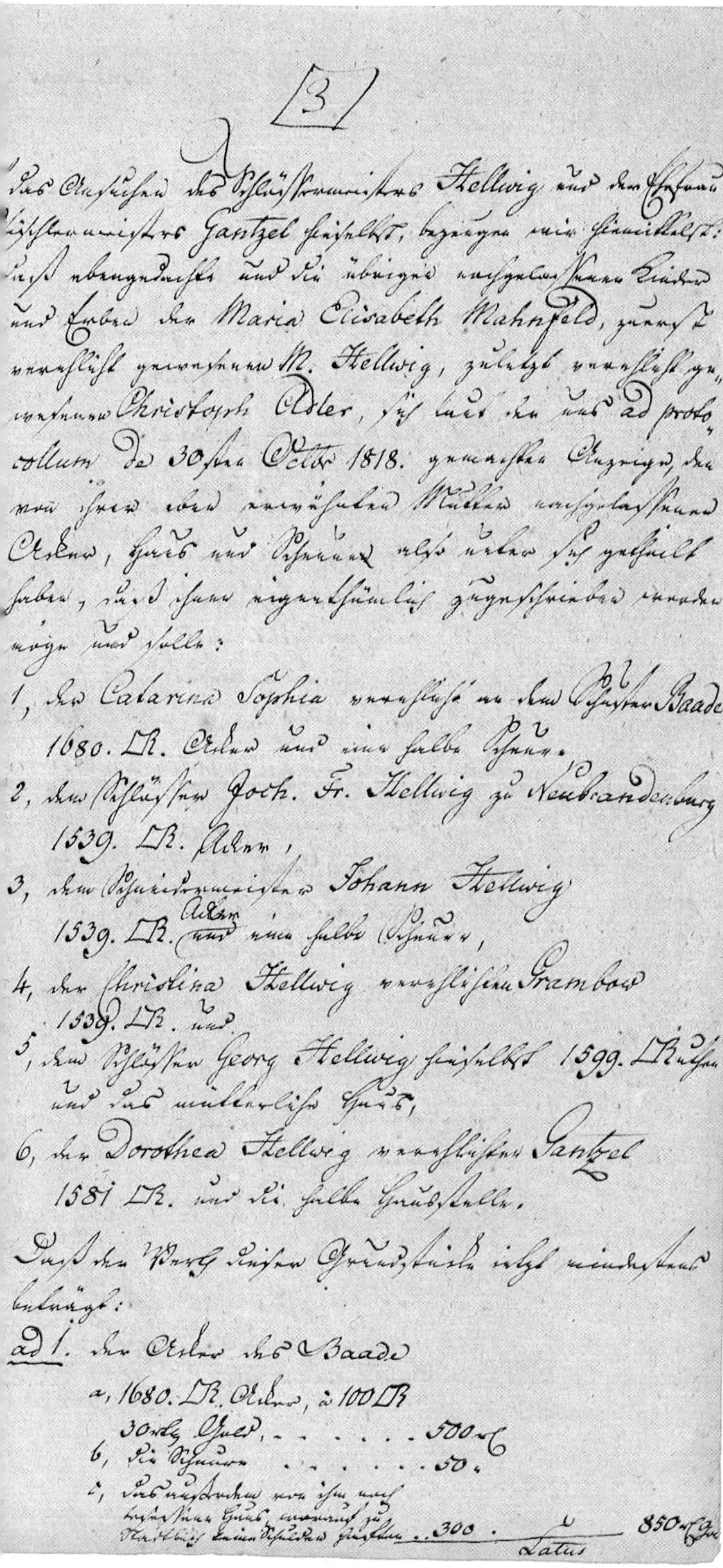

Amtliches Schriftstück von Bürgermeister und Rat in Stavenhagen vom 22. Juli 1819, versehen mit dem Stadtsiegel und den Unterschriften von Bürgermeister G. J. Reuter und den Ratsherren W. Susemihl und A. F. Herse.

»Döfft bün ick ok un heww ok Pädings hatt: vir Stück. Un wenn min vir Pädings noch lewten un güngen mit mi äwer de Strat, denn würden de Lüd' still stahn un seggen: ›Kikt, wat sünd dat för dägte Kirls! Nah so'n Ort kann ein up Stun'ns lang säuken; dat sünd noch Pädings!‹ Un ein was dorunner, de was en Kopp länger as de annern un kek äwer ehr rut as Saul äwer sine Bräuder; dat was de oll Amtshauptmann Wewer un hadd en saubern blagen Rock an un 'ne gelrige Hos' un lange blankgewichste Stäweln, un was sin Gesicht ok von Pocken terreten un hadd de Düwel ok sin Arwten dorup döscht, dat hei utsach, as hadd hei mit dat Gesicht up en Ruhrstaul seten; up sin breide Stirn stunn schrewen un ut sin blagen Ogen kunnt ji lesen: ›Kein Minschenfurcht, woll äwer Gottesfurcht!‹

Amtshauptmann Johann Joachim Heinrich Weber, Fritz Reuters Pate. Seit 1810 Amtshauptmann auf dem Stavenhagener Domanialamt, das er vom Stavenhagener Schloß aus, wo er auch seinen Wohnsitz hatte, bis zu seinem Tode 1826 im Dienste des Großherzogs verwaltete. Er gehört zu den Hauptfiguren in Reuters »Ut de Franzosentid«. Zeitgenössischer Scherenschnitt.

Johann Joachim Heinrich Weber (1756 bis 1826) als junger Amtsverwalter in Stavenhagen. Unbezeichnetes Ölgemälde.

Un hei was en Kirl up en Platz. Des Morgens hentau elwen, denn satt hei midden in de Stuw' up en Staul, un sine leiwe Fru snerte em denn 'ne witte Schawrack üm den Hals, wat sei dunnmals en ›Purgiermantel‹ näumen deden, un stöwte em mit Puder in un bünn de Hor hin'n tausam un drellte em en nüdlichen Zopp.«
Aus »Ut de Franzosentid«, Kapitel 1.

»Ein paar Schritte rechts um die Ecke des Rathauses führen uns plötzlich in die Romantik des Städtchens. Ein mit Kastanien bepflanzter Weg zieht sich den Hügel hinan, auf welchem das jetzige Amtsgebäude, ein früheres herzogliches Jagdschloß, von einem schönen Garten rings umgeben, liegt. Deutlich sind die Spuren von Wall und Graben, von alten Befestigungen noch in dem Wechsel von Hügel und Wiesen im Garten zu erkennen und bezeugen die Wahrheit der Überlieferung, daß hier einmal eine alte Ritterburg gestanden und den Kern zur spätern Bildung der Stadt abgegeben habe.«
Aus »Meine Vaterstadt Stavenhagen«.

Schloß Stavenhagen, Vorderseite. An der Stelle einer mittelalterlichen Burg um 1740 erbaut. Sitz der Stavenhagener Amtsverwaltung. Als Dienstwohnung von Amtshauptmann Weber einer der Hauptschauplätze in »Ut de Franzosentid«. Postkarte, um 1900.

Fritz Sahlmann (1802 bis 1880) war seit 1816 Kopist, seit 1823 Gehilfe und seit 1828 Landreiter am Stavenhagener Amt im Dienst des Amtshauptmanns Weber. Er gehört zu den wichtigen Figuren in »Ut de Franzosentid«. Lichtbild, um 1870.

»Wir treten jetzt in diese Schulstube des Herrn Rektors. In der Mitte der Stube, mehr nach den Fenstern hin, so daß er alles mit einer gelinden Halsdrehung gut übersehen konnte, saß der Herr Rektor auf einem hölzernen rundlehnigen Stuhle, der von ihm ›Katheder‹, von den Jungen aber ›Kantheder‹ genannt wurde.
... Vor ihm lagen drei Instrumente – und nun komme ich auf das, was ich oben versprochen habe nachzuweisen: daß in Stavenhagen wenigstens in einer Schule nach Methode geprügelt wurde –, diese mehr oder weniger langen, hölzernen Instrumente hatten verschiedene Namen und Anwendung. Da war erstens der Gelbe, lang und dünne, er fand seine Anwendung bei Plaudern, Butterbrot- und Apfelessen und Klecksen im Schreibe-

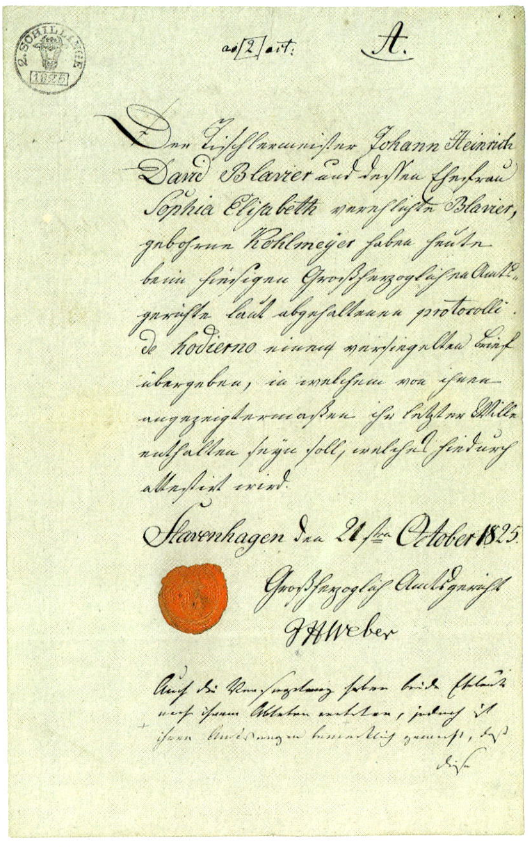

Schriftstück des Stavenhagener Amtsgerichts vom 21. Oktober 1825 mit Siegel des Amtes und der Unterschrift vom Amtshauptmann Weber.

buch; dann war da zweitens der Braune, kürzer und dicker, wurde verwandt bei notorischer Faulheit, bei Widerrede, oder wenn nachgewiesen wurde, daß ein Junge dem andern heimlich das Tintenfaß ausgesoffen hatte; und endlich war drittens da der Dachs, kurz, dick und schwer, von gewisser Ähnlichkeit mit einem eichenen Schemelbeine. Zum Ruhme des Herrn Rektor muß ich gestehen, daß dieser letztere nur in den alleräußersten Fällen von Verstocktheit, Verruchtheit und offenbarer Widersetzlichkeit in Anwendung gebracht wurde; aber er war doch da und, wie das mecklenburgische Sprichwort sagt: ›De Furcht wohrt de Heid‹.«
Aus »Meine Vaterstadt Stavenhagen«.

Gebäude der ehemaligen Stavenhagener Rekterschaul in der Neubrandenburger Straße, nahe der Kirche. Lichtbild, um 1910.

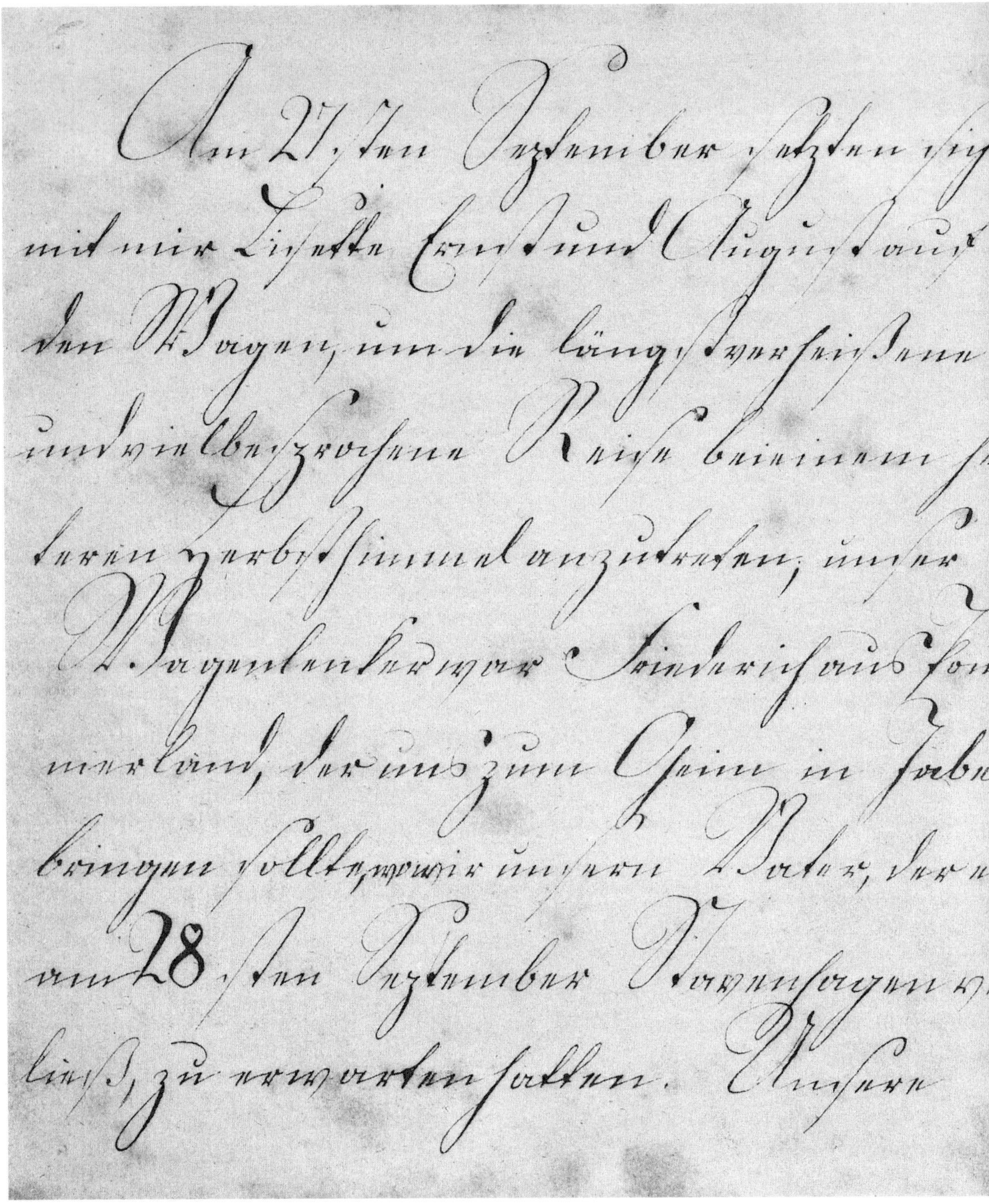

»Kurze Beschreibung meiner Reise durch großer und kleiner Herren Länder«.

Im Herbst 1823 begleitete Fritz Reuter seinen Vater auf einer Reise nach Braunschweig. Für den Amtshauptmann Weber verfaßte er diesen Reisebericht. Autograph.

Freude war unbeschreiblich groß; aber Friedrich, der Wagenlenker, verstand es sehr gut, sie etwas zu bändigen. Zwar erzählte er uns viele Heldentaten, die er, als ehemaliger preußischer Soldat gegen die Franzmänner bestanden, gesehen und gehört haben wollte, aber dafür fuhr er auch so langsam, daß wir nicht von der Stelle kamen. Ernst, der über die Zügel gehalten, war zornig ihm einen

Ivenack um 1850. Stahlstich von Poppel und Kurz nach einer Zeichnung von J. Gottheil. Herausgegeben von B. S. Berendsohn, Hamburg (1855).

Die 1000jährigen Eichen von Ivenack, etwa 4 km von Stavenhagen entfernt. Die stärkste Eiche (im Vordergrund, rechts) ist ca. 1200 Jahre alt und hat eine Höhe von 35,50 m, einen Stammumfang von 10,96 m, einen Stammdurchmesser von 3,48 m und ein Holzvolumen von ca. 180 Festmetern. Von den ursprünglich elf (Anfang unseres Jahrhunderts) stehen heute noch sechs Eichen. Lichtbild.

»... in der Ferne das Liebste, was ich auf Erden kannte – vielleicht weil's eben auch das Fernste war –, den Tiergarten zu Ivenack mit seinen stattlichen Hirschen, seinen tausendjährigen Eichen und einem Baumwuchs, wie er in Deutschland nicht ein zweites Mal gefunden werden dürfte. Diese Eichen waren die stolzen Grenzwächter meiner Besitzungen, bis hierher ging mein Reich und zugleich meine Geographie, was darüber hinaus lag, war unbekanntes Land.«
Aus »Meine Vaterstadt Stavenhagen«.

»Nach Ivenack – kennt einer meiner Leser Ivenack, diese liebliche, der Ruhe geweihte Oase in dem rings von Mühe und Arbeit durchfurchten Lande, die, einer schlummernden Najade gleich, sich auf grünender Au und blumiger Wiese gelagert hat und ihr vom Laube tausendjähriger Eichen umkränztes Haupt in dem flüssigen Silber des Sees spiegelt? – Nun, ihr mögt es kennen und mögt es auch lieben; mir aber ist es mehr, als es dem fremden Besucher sein kann. Für mich ist der Glanz des Sommermorgens, der sich darüber breitet, mit tausend goldenen Fäden der Erinnerung aus der Kindheit und Jugend durchwoben, Festtagserinnerungen, Ferienerinnerungen ...«.
Vorrede zur »De Reis' nah Belligen«.

Gustav Lange (1812 bis 1867). Notar in Stavenhagen. Lichtbild, um 1860.

David Berger (1796 bis 1862). Stadtmusikus in Stavenhagen. Lichtbild, um 1860.

Carl Clasen (1807 bis 1874). Kaufmann und Ratsherr in Stavenhagen. Jugendfreund Fritz Reuters. Lichtbild, um 1870.

Christian Friedrich Spaarmann (1801 bis 1869). Als Apothekengehilfe in Stavenhagen führte er Reuter ins Lateinische ein; später praktischer Arzt in Stavenhagen. Lichtbild, um 1860.

»Zwölfhundert Personen, Männer, Weiber und Kinder, trieben damals ungefähr ebendasselbe wie jetzt die fünfundzwanzighundert. Die Männer bestellten und düngten ihren Acker selbst, flickten ihren Nachbaren die Schuhe und die Hosen, wußten zu Hause ganz genau, wie dem Gemeinwesen gründlich abzuhelfen sei, und taten auf dem Rathause das Maul nicht auf, und wenn sie's taten, so wünschten sie doch, es nicht getan zu haben. Die Weiber kamen zusammen und klagten über die Schlechtigkeit der Dienstboten, über die Verschwendung der Männer, nahmen die Fehler ihrer Nebenmenschen unter die Lupe ihrer eigenen Vollkommenheit und strickten Strümpfe in wünschenswertester Anzahl. Wir Kinder – ich rede hier von Männlein und Fräulein – waren göttlich vergnügt, liefen die Stiefel ab, zerrissen die Hosen, balgten uns, vertrugen uns wieder, spielten Ball, Kreller, Knull und dachten gar nicht daran, daß wir auch einmal Strümpfe stricken und auf dem Rathause das Maul halten sollten. ... Das tägliche Brot wurde mit unendlicher Ruhe und ebensolcher Gewissenhaftigkeit erworben. Wer einmal ein Kunde von einem Gewerbetreibenden geworden war, blieb sein Kunde sein Leben lang. Wehe dem, der hier eine Änderung hätte treffen wollen.«
Aus »Meine Vaterstadt Stavenhagen«.

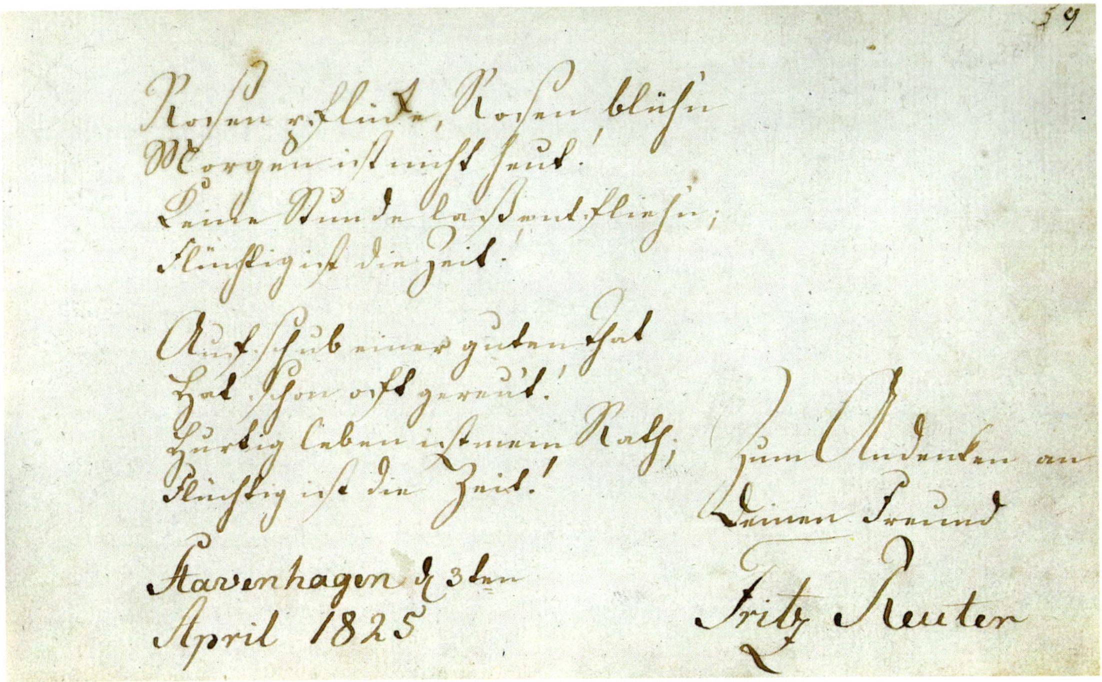
59

Rosen pflücke, Rosen blühn
Morgen ist nicht heut!
Keine Stunde laß entfliehn;
Flüchtig ist die Zeit!

Aufschub einer guten That
Hat schon oft gereut!
Hurtig leben ist mein Rath;
Flüchtig ist die Zeit!

Stavenhagen d. 3ten
April 1825

Zum Andenken an
Deinen Freund
Fritz Reuter

Eintragung Fritz Reuters im Stammbuch von Friederike Schmidt, einer der vier Töchter des Stavenhagener Pastors Jacob Bernhard Schmidt. Autograph.

»... mit jedem, den sie in Stavenhagen begraben haben, haben sie für mich ein Stück Poesie mit begraben. Alle meine Gedanken sind einmal von dieser engen Welt ausgefüllt worden, alle Fibern meines Empfindens haben einmal dieses kleine Heimwesen umsponnen und daran gesogen wie ein Kind an Mutterbrüsten, und das vergißt man nicht.«
Aus »Meine Vaterstadt Stavenhagen«.

2.
Als Gymnasiast in Friedland und Parchim

Friedland. Stahlstich von Poppel und Kurz nach einer Zeichnung von J. Gottheil. Herausgegeben von B. S. Berendsohn, Hamburg (1855).

Das Brandenburger Tor in Friedland. Stahlstich von Poppel und Kurz nach einer Zeichnung von J. Gottheil. Herausgegeben von B. S. Berendsohn, Hamburg (1855).
Dieses Tor hat Fritz Reuter passiert, als er Ende September 1824 zusammen mit seinem Vetter August Reuter nach Friedland kam, um die dortige Gelehrtenschule (Gymnasium) zu besuchen. Die Zeit, in der er von Stavenhagener Hauslehrern gebildet und erzogen wurde, war nun vorbei.

Eingangstür ins Friedländer Gymnasium. Die griechische Inschrift (erste Zeile) lautet in der Übersetzung: »Aus was zu was.« Der Volksmund interpretierte plattdeutsch: »As Heuoß rin, as Heuoß rut.« Die lateinische Inschrift (zweite und dritte Zeile) heißt: »Multa tulit fecitque puer, sudavit et alsit«. Dieser Hexameter aus Horaz lautet in der Übersetzung von Johann Heinrich Voß: »Viel hat geduldet der Knab' und getan, hat geschwitzt und gefroren.« Lichtbild, Ende 19. Jahrhundert.

Gymnasium Friedland, eine Lehranstalt (gegründet bereits im 15. Jahrhundert), die einen guten Ruf hatte. In Tertia (die vierte und fünfte Klasse umfassend) wurde Fritz Reuter eingestuft. Lichtbild, um 1880.

Friedland: Marienkirche und Giebelhäuser der Achterstraße. In der ersten Etage des rechten Giebelhauses (die beiden Fenster links) wohnte Fritz Reuter als Schüler von 1824 bis 1828 zur Untermiete bei der Konrektorswitwe Schulz.
Druck, 2. Hälfte 19. Jahrhundert.

»Ich gestehe gerne ein, daß ich nie zu den sehr eifrigen Besuchern der Schule gehört habe, und glaube, daß mir dafür als Strafe jenes Unbehagen tief in die Seele geimpft ist, denn wenn ich jetzt in alten Tagen unruhig schlafe und von bösen Träumen gequält bin, so habe ich mich entweder nicht präpariert oder irgendeiner meiner vielen Lehrer hält mir ein schrecklich rot perlustriertes Exerzitium unter die Nase, das er mir dann schließlich um die Ohren schlägt, wonach ich dann stets erwache und Gott danke, daß ich nicht mehr nötig habe, in die Schule zu gehen.«
Aus »Meine Vaterstadt Stavenhagen«.

»Teuerster Vater! Fern sei es von mir, meine Fehler durch Entschuldigung zu beschönigen, doppelt fern, sie durch Leugnen zu vergrößern. Nein, frei will ich sie gestehen und hierdurch sie Deinen Augen weniger verhaßt machen; denn früh schon lehrtet Ihr beiden teuren Freunde und Leiter meiner Jugend mich, die Wahrheit lieben und ein freiwilliges Geständnis wie eine halbe Verzeihung ansehen. Nur einem von Euch, und das bist Du, geliebter Vater, kann meine Besserung und mein stärkerer und freudigerer Wille hier auf Erden im Alter die Tage erheitern und Rosen auf den dornigen Pfad zum Grabe streuen. Aber auch unsere gute Mutter wird mit lächelndem Antlitz auf die bessere Aufführung hinabschauen, die jetzt ihr einziger Sohn seinem betrübten Vater gelobet.«
Brief Reuters an den Vater, vom 24. März 1827.

Fritz Reuter als fünfzehnjähriger Schüler in Friedland. Selbstbildnis.

Fritz Reuter als Friedländer Gymnasiast. Schattenriß.

»Lieber Vater, ich habe Dir versprochen, mich zu bessern, und habe es auch seit Weihnachten gehalten; Du hast immer mich gebeten, ich sollte endlich Willen und Lust zur Arbeit zeigen, und ich habe sie gezeigt ... Ich äußerte den Wunsch, Maler zu werden; Du glaubtest, ich täte es, um nur nicht zu arbeiten und die Zeit mit Nichtstun zu vergeuden, aber wahrlich, nie habe ich den Gedanken geäußert; Du wünschtest es nicht, und ich begab mich eines Wunsches, der so viel Reiz für mich hatte. Jetzt steht es nur allein in Deinem Willen, was ich für ein Fach wählen soll, ich begebe mich aller Wünsche und gehorche Deiner weiseren Einsicht.«
Brief Reuters an den Vater,
vom 29. Januar 1828.

Karl Horn (1794 bis 1879).
Er war 1813 Lützower Jäger und mit Theodor Körner befreundet. 1815 gehörte er zu den Mitbegründern der Deutschen Burschenschaft in Jena und war ihr erster Sprecher.
Als Lehrer in Friedland hatte er maßgeblichen Einfluß auf die Entwicklung von Reuters patriotischer Gesinnung. Er wurde von Reuter sehr verehrt.
Zeitgenössischer Stahlstich.

Heinrich Gesellius (1798 bis 1870).
Von 1824 bis 1827 unterrichtete er am Gymnasium in Friedland und war einer der Lieblingslehrer Reuters.
Reuter widmete ihm, seinem »lieben Lehrer und väterlichen Freunde«, den ersten Band von »Ut mine Stromtid«.
Zeichnung von Fritz Reuter.

»Lieber Vater … Soll ich studieren, so sehe ich aber nicht ein, warum Du mich nach Parchim bringen willst, da ich von hier doch ebensogut und noch besser die Universität beziehen kann. … Daher, lieber Vater, schreibe mir in Deinem folgenden Briefe, was ich werden soll, und Du sollst sehen, daß ich Dir Folge leisten werde, aber zeige noch einmal soviel Vertrauen und laß mich hier.«
Brief Reuters an den Vater,
vom 29. Januar 1828 aus Friedland.

Stammbuchblätter Fritz Reuters
aus Friedland. Autographen
mit Figurenskizzen von Fritz Reuter.

Parchim. Stahlstich von Poppel und Kurz nach einer Zeichnung von J. Gottheil. Herausgegeben von B. S. Berendsohn, Hamburg (1855).

»Lieber Vater, Du äußertest den Wunsch, mich nach Ostern als einen Primaner Parchims zu sehen, ich werde mein möglichstes tun, diesen Wunsch zu erfüllen ... Ich sehe in dieser Versetzung nach Parchim wieder einen Beweis Deiner Liebe zu mir und werde mich befleißigen, ihn auch zu verdienen, da vorzüglich dieses Schulwesen (in Friedland, A. Hü.) mir im höchsten Grade über ist. Es vergeht kein Tag, wo nicht entweder Dunst oder Kälte die Lehrstunden unerträglich machen und die Gesundheit ruinieren.« Brief Reuters an den Vater, vom 19. Februar 1828 aus Friedland.

»Lieber Vater, Du hättest doch lieber nicht an den Herrn Direktor schreiben sollen, daß ich Dir nicht genug schreibe, und ihm gar einen von meinen Briefen mitschicken, in welchem ich Dir meinen Entschluß, meinen Leichtsinn zu

bekämpfen, mitteilte; denn wenn er auch mein Lehrer ist, so ist es doch auf jeden Fall höchst betrübend für mich, daß der Brief, den ich für meinen Vater schrieb, so mangelhaft er auch war, in fremde Hände geriet. Viel Lobes wirst Du wohl eben nicht von ihm erfahren, denn er scheint sehr still gegen mich zu sein, welches ich auch wohl verdiene; denn in der letzten Zeit bin ich wieder flüchtiger als früher gewesen, doch Du hast mir in Deinem vorigen Briefe Verzeihung verheißen, und mit dankbarem Herzen nehme ich sie an und bemühe mich, zukünftig Deinen gerechten Erwartungen völlig zu entsprechen.«
Brief Reuters an den Vater, vom 1. November 1828 aus Parchim.

Parchim. Blick in die Blutstraße (heute Philipp-Müller-Straße) und auf das Gebäude des Gymnasiums (erstes Haus von rechts). Von Ostern 1828 bis Ende September 1831 besuchte Reuter das Friedrich-Franz-Gymnasium in Parchim.
Alte Ansichtskarte.

Johannes Zehlicke (1791 bis 1856). Von 1827 bis 1851 war Johannes Zehlicke Direktor des Gymnasiums in Parchim. Im Hause des Direktors Zehlicke wohnte Fritz Reuter von Ostern 1828 bis Weihnachten 1829 in Pension. Lithographie von W. Funke nach einer Zeichnung von G. v. Boddin. Gedruckt und herausgegeben von W. Korn, Berlin.

Adelheid Wüsthoff (1812 bis 1888). Reuters Schülerliebe in Parchim. Sie war die Tochter des Ersten Bürgermeisters der Stadt Parchim. Kreidezeichnung. Von Fritz Reuter 1831/32 aus der Erinnerung gefertigt.

Stammbuchblatt Fritz Reuters aus Parchim. Autograph mit Zeichnung von Reuter.

Rückseitiger Text des Stammbuchblattes:
»Soll ich aus Schriftstellern abgeschmackte Verse und Reime borgen, um von Dir nicht vergessen zu sein? Nein, das klingt ins Ohr, das klingt nicht zum Herzen! Wenn der Mund das dem Herzen entsprossene Wort ›Vergiß mein nicht‹ spricht, so klingt es schöner als ein Gedicht von Goethe und Schiller, das die Brust nicht empfindet, nicht begreift, nur die schreibselige Feder schreibt – um vergessen zu werden. Und nimmer, so hoff' ich, vergißt Du mich, nimmer vergißt Du die Stunden, die wir so fröhlich verlebt!«
Parchim, im Herbst 1830
Dein Freund und Bruder F. Reuter aus Stavenhagen.

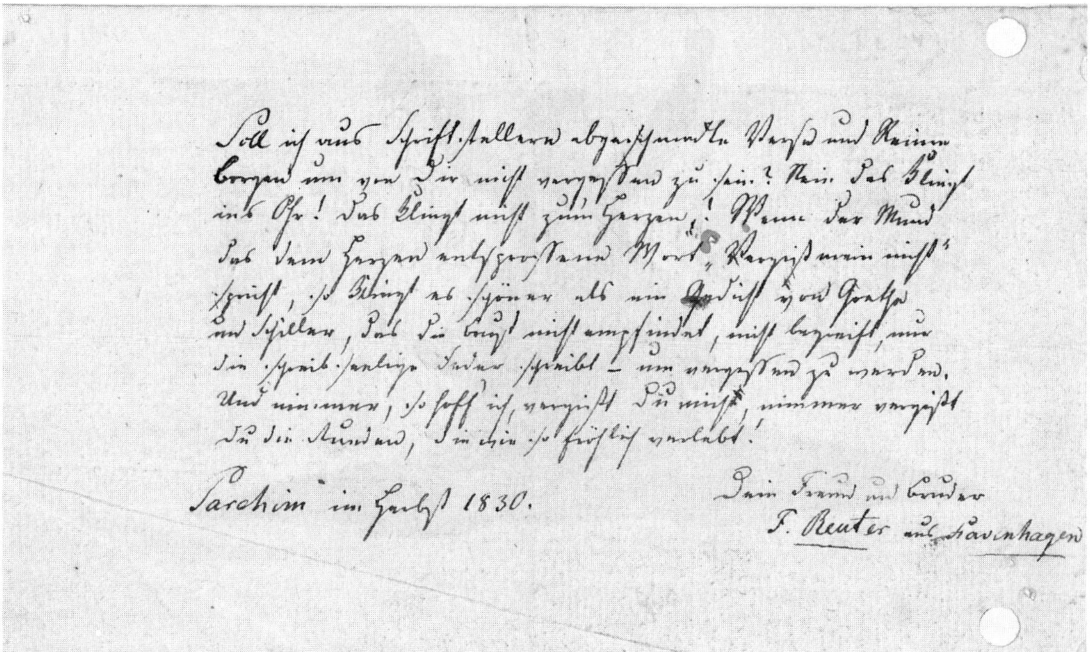

Soll ich nur Schriftstellern abgeschriebne Verse und Reime borgen um von Dir nicht vergessen zu sein? Nein das klingt ins Ohr! Das klingt nicht zum Herzen! Wenn der Mund das dem Herzen entsprossene Wort, Vergißmeinnicht spricht, so klingt es schöner als ein Gedicht von Goethe und Schiller, das die Brust nicht empfindet, nicht begreift, nur die schreibseelige Feder schreibt – um vergessen zu werden. Und nimmer, so hoff ich, vergißt Du mich, nimmer vergißt Du die Stunden, die hier so fröhlich verlebt!

Parchim im Herbst 1830.

Dein Freund und Bruder
F. Reuter aus Stavenhagen

Folgende Seite: Abiturzeugnis Fritz Reuters. Wenige Tage nach Aushändigung des Abiturzeugnisses am 24. September 1831 verläßt Fritz Reuter die Vorderstadt Parchim.

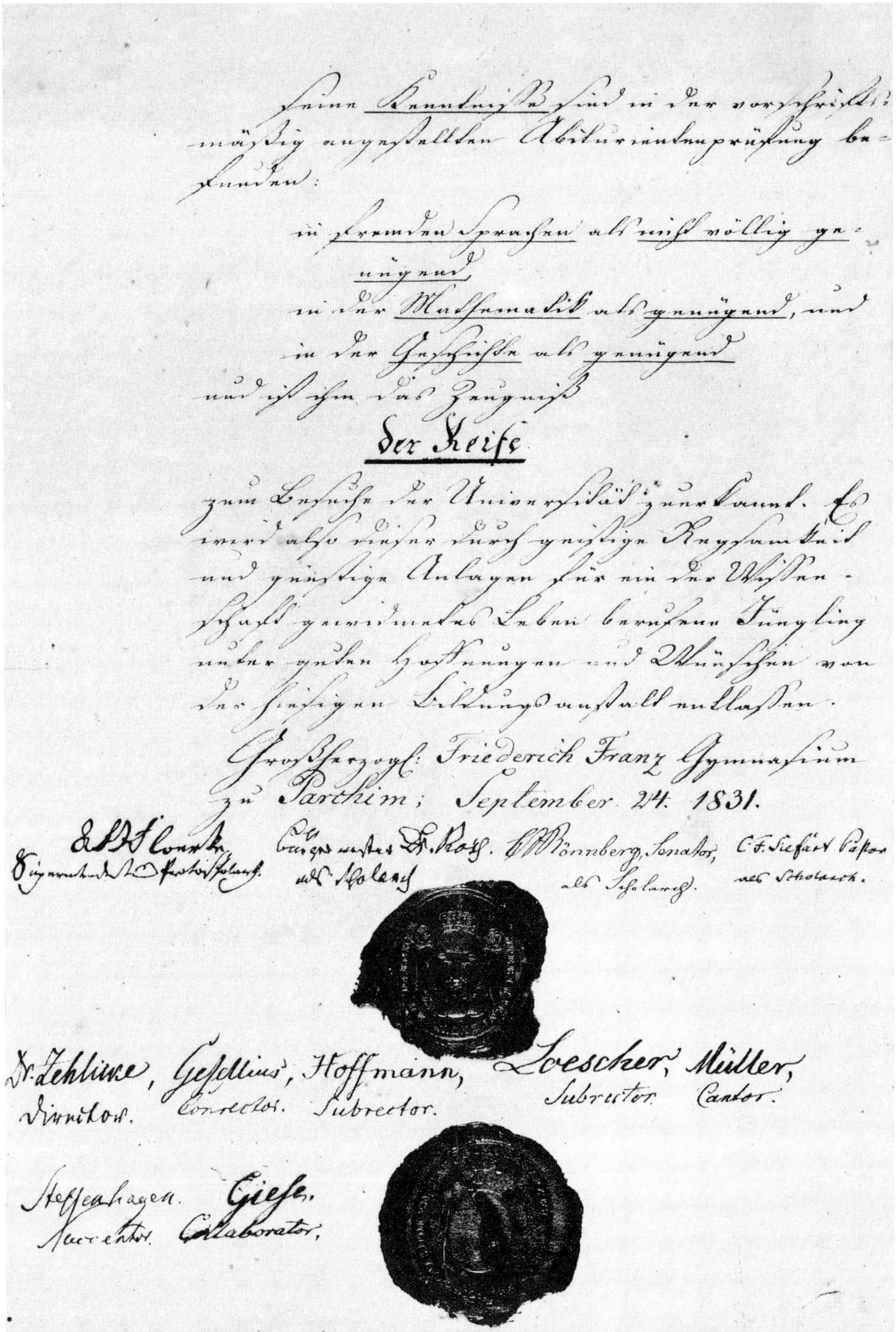

seine Kenntnisse sind in der vorschrifts-
mäßig angestellten Abiturientenprüfung be-
funden:

in fremden Sprachen als nicht völlig ge-
nügend
in der Mathematik als genügend, und
in der Geschichte als genügend

und ist ihm das Zeugniß

der Reife

zum Besuche der Universität zuerkannt. Es
wird also dieser durch geistige Regsamkeit
und günstige Anlagen für ein der Wissen-
schaft gewidmetes Leben berufene Jüngling
unter guten Hoffnungen und Wünschen von
der hiesigen Bildungsanstalt entlassen.

Großherzogl: Friederich Franz Gymnasium
zu Parchim; September 24. 1831.

E. A. Floerke, Bürgermeister und Protoscholarch.
Ex Bürgermeister Dr. Roth. als Scholarch
C. Rönnberg, Senator, als Scholarch.
C. F. Siefart Pastor als Scholarch.

Dr. Zehlicke, Director.
Gesellius, Conrector.
Hoffmann, Subrector.
Loescher, Subrector.
Müller, Cantor.
Hessenhagen, Succentor.
Giese, Collaborator.

3.
Studium in Rostock und Jena. Fritz Reuter als Burschenschafter

Rostock um 1840.
Am 19. Oktober 1831 wurde Fritz Reuter nach dem Willen des Vaters zum Studium der Rechte an der Landesuniversität in Rostock immatrikuliert.
Stahlstich der Hof- und Steindruckerei Tiedemann zu Rostock.

Rostocker Stadtsoldaten vor und nach 1829, die sogenannten Krebse.
Stahlstich aus dem Verlag der Hof- und Steindruckerei Tiedemann zu Rostock.

Das Hauptgebäude der alten Universität Rostock (»Weißes Colleg« genannt), um 1830. Lithographie der Hof- und Steindruckerei Tiedemann zu Rostock.

Fritz Reuters Studentenwohnung in Rostock, Lagerstraße, No.1491. Alte Ansichtskarte.

»Lieber Vater ... ein so schlechter, planloser, matter und verworrener Vortrag wie der, den ich höre, ist gar nicht zu ertragen, alles Gute und Klare, was ich aus meinem Kompendium (und dies ist gut) geschöpft habe und worüber ich noch gerne einen vollständigeren Vortrag hören möchte, wird mir im Kolleg zu einem salbaderischen Gewäsche und zu einem Gewirre von Worten, die gar nicht zu ertragen und zu verstehen sind. ... Was bin ich für ein Narr gewesen, daß ich nicht noch ein halbes Jahr in Parchim geblieben bin, da war's doch anders, da war's so freundlich, hier ist es unausstehlich, weiß es der liebe Himmel, ich kann mich hier nicht gefallen, die Studenten sind meistens gar zu fade, und das Leben unter ihnen ist dürftig unter aller Beurteilung, nichts Freies, Freundliches wie in Parchim, sondern alles ist in die albernen Burschenregeln gezwängt.«
Brief Reuters an den Vater, vom 5. Dezember 1831 aus Rostock.

Die Altstadt Rostock vom Beginenberg, um 1840. Stahlstich der Hof- und Steindruckerei Tiedemann zu Rostock.

»Je, Rostock! – Jeden Meckelnbörger geiht dat Hart up un männigmal ok de Geldbüdel, wenn von Rostock de Red' is. … De Seestadt Rostock is de Up- un Dalsprung för jeden richtigen Meckelnbörger. – Ok min Upsprung is sei mal west, as ick von de groten Schaulen mal 'ne Tram höger up de Universetät hüppen ded; äwer dat is all lang' her, un wi weiten uns nich mihr recht dorup tau besinnen, vör allen nich up Professer Elwersen sine Institutschonen. Äwer dat weit ick doch noch, dat wi Studenten en idel lustig Lewen führen deden, dat wi uns bi Nachtslapentid mit de Krewt rümme jogen, dese ollen, braven, städtschen Krigsknechts, de dunn nich mihr rod, all blag wiren, un dat wi ok Finstern insmeten. Wi lösten de grote soziale Frag' un stift'ten 'ne ›Allgemeinheit‹ unner uns.« Aus »De Reis' nah Konstantinopel«.

»Lieber Vater, wozu hat mich Dein Argwohn schon gemacht; wäre ich alles, was Du schon von mir geargwöhnt hast, so wäre es besser, ich hätte längst aufgehört zu sein. … Wodurch ist Dir der meiste Ärger und Gram über mich geworden, durch meine Taten? Ja, ich gebe zu, ich habe leichtsinnig, jugendlich gefehlt; aber der meiste ist Dir geworden durch Deinen eigenen Argwohn und durch andere, die Du mir zu Wächtern bestimmt hattest. Von Jugend auf haben andere für mich gehandelt, ich bin nie zum Richter meiner Taten gesetzt worden, andere haben sie gebilligt und verdammt, ich habe nie Gelegenheit gehabt zu sagen, das will ich werden oder das will ich tun, andere haben gesagt, das sollst Du werden, das sollst Du tun. … Ich freute mich über meine Freiheit, ich sah in ihr den einzigen Weg, aus mir etwas Selbständiges zu machen, Dir das Vergangene zu vergüten, und nun drohst Du mir wieder mit Zwang, mit Anwendung der Mittel, die mich früher verdarben. Vater! tue das nicht; es kann keiner etwas aus mir

machen, ich selbst muß etwas aus mir machen. Woher war ich beliebt bei meinen Mitschülern, woher bin ich es bei meinen Bekannten unter den Studenten? Ein Schurke und ein Schuft sind das nie. Warum glaubst Du nur immer das Böseste und Schlimmste von mir, von Dir kann man es doch am wenigsten erwarten.«
Brief Reuters an den Vater, vom 28. Januar 1832 aus Rostock.

»Lieber Vater, nun bin ich hier und soll hier studieren – ja, unter solcher Leitung, bei so einem Vortrage muß man lernen, man mag wollen oder nicht. ... Es gefällt mir hier außerordentlich gut; Jena selbst hat eine himmlische Lage, mitten in dem Saaltal, von 3–400 Fuß hohen Bergen umgeben. Hier ist alles ganz anders als bei uns, das Volk lebendiger, aufgeklärter; ich möchte Dir bloß gönnen, wie richtig so ein jenischer Bürger über Staat und Staatsverwaltung räsonniert; überhaupt herrscht hier im Weimarischen eine große Spannung in politischer Hinsicht, das Volk verlangt Preßfreiheit und Stände, ja sogar Geschwornengerichte, und Jena scheint der Mittelpunkt der Liberalen zu sein; alle verbotenen Blätter werden hier öffentlich mit rauschendem Beifalle in den Kneipen vorgetragen und mit Anmerkungen versehen, die grade nicht zu den glimpflichsten gehören.«
Brief Reuters an den Vater, vom 25. Mai 1832 aus Jena.

Jena um 1840. Am 30. April 1832 hatte Fritz Reuter die Universität Rostock verlassen. Am 11. Mai 1832 war er in Jena eingetroffen, um sein Jurastudium fortzusetzen. Am 25. Mai 1832 wurde er in Jena zum Studium der Rechte immatrikuliert. Zeitgenössischer Stahlstich.

Die Jenaer Universität. Teilansicht aus der Mitte des 19. Jahrhunderts. Lithographie von C. Schreiner.

Burgkeller zu Jena, Stammlokal der Burschenschafter. Stahlstich von C. Hirsch.

Fritz Reuter als Student und Burschenschafter in Jena 1832/33. Am 13. Juli 1832 wurde Reuter Mitglied der Allgemeinen Burschenschaft und schloß sich ihrer radikalen Richtung, der Germania, an. Selbstbildnis Fritz Reuters von 1832 (Bleistiftzeichnung).

Burgkellerkneipe in Jena. Alte Ansichtskarte.

Im Kolleg von Professor Schröter. Federzeichnung von Rudolf Beck, 1840. Rudolf Beck war, wie Reuter, 1832/33 Student und Burschenschafter in Jena.

»Lieber Vater ... Was nun die ausgebreiteten Studentenverbindungen anbetrifft, so ist dies ein Irrtum, ich habe gute Freunde und namentlich auch Landsleute hier vorgefunden, aber wie mich das hindern sollte zu studieren, ist mir nicht klar, darüber sei ohne Sorgen, ich habe einmal jetzt angefangen zu arbeiten, und es wird weitergehen. Ich bitte Dich noch mal, habe guten Mut und male Dir nicht immer alles so schlimm aus, es ist nicht so schlimm; ich bin leichtsinnig, aber doch nicht in solchem Grade, daß ich mein Unrecht nicht fühlen und auf Änderung sinnen, ja sogar damit anfangen und fortfahren sollte.« ...
»Ich habe in diesem Semester Rechtsge-

schichte und Institutionen oder, wie v. Schröter sich ausdrückt, das Privat-Recht selbst gehört; dies wurde zuerst zweistündig täglich, darauf dreistündig und zuletzt vierstündig gelesen, und in dieses bin ich unausgesetzt hineingegangen, wie mein Testat bezeugt.«
Brief Reuters an den Vater, vom 23. September 1832 aus Jena.

Testat für Fritz Reuter über den Besuch der Vorlesungen bei Professor Dr. von Schröter. Ausgestellt am 19. September 1832.

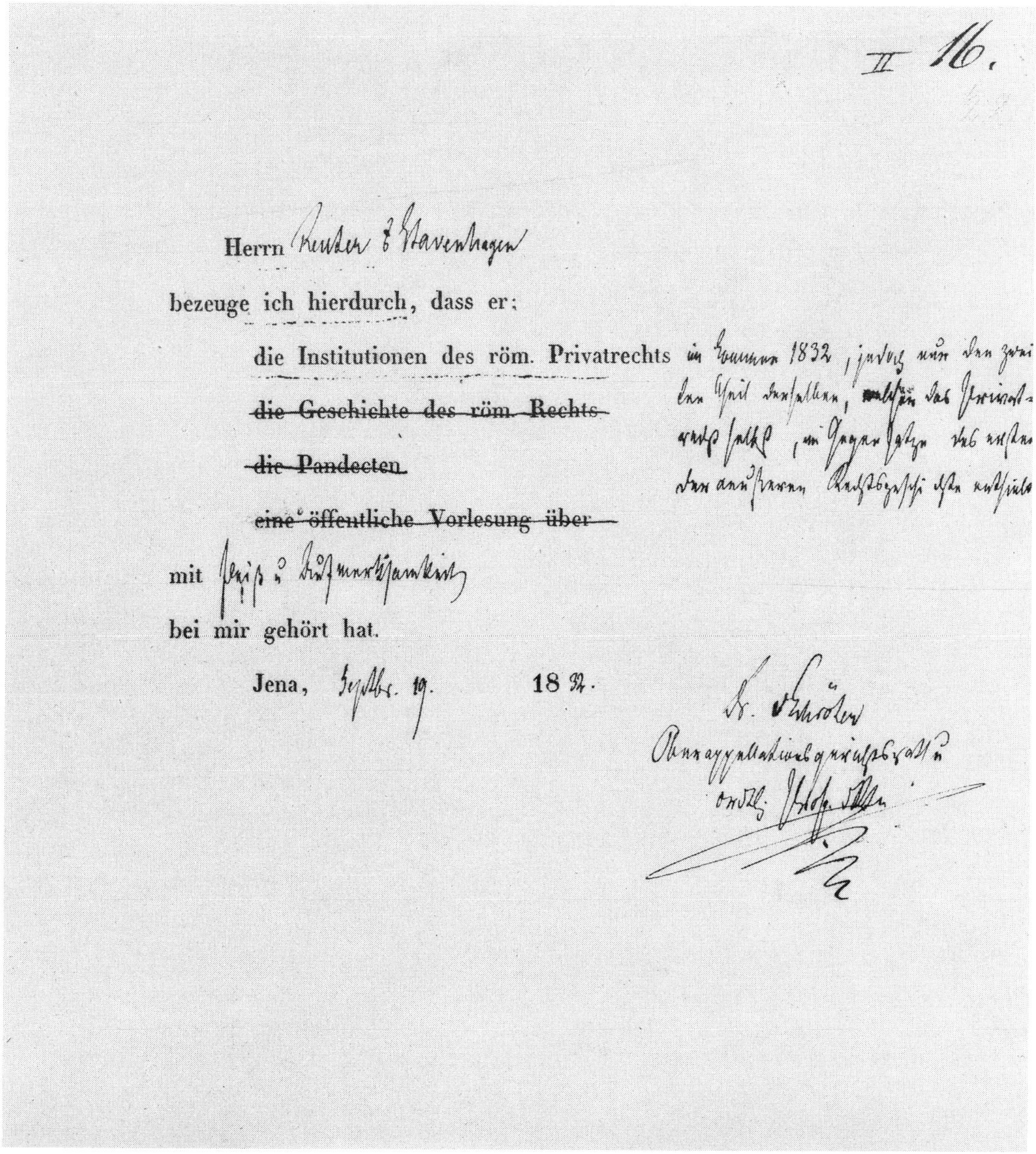
II 16.

Herrn

bezeuge ich hierdurch, dass er:

die Institutionen des röm. Privatrechts

~~die Geschichte des röm. Rechts~~

~~die Pandecten~~

~~eine öffentliche Vorlesung über~~

mit

bei mir gehört hat.

Jena, Septbr. 19. 1832.

Im Lesezimmer der Studenten in Jena. Federzeichnung von Rudolf Beck, 1840.

Stammbuchblatt Fritz Reuters aus Jena. Autograph.

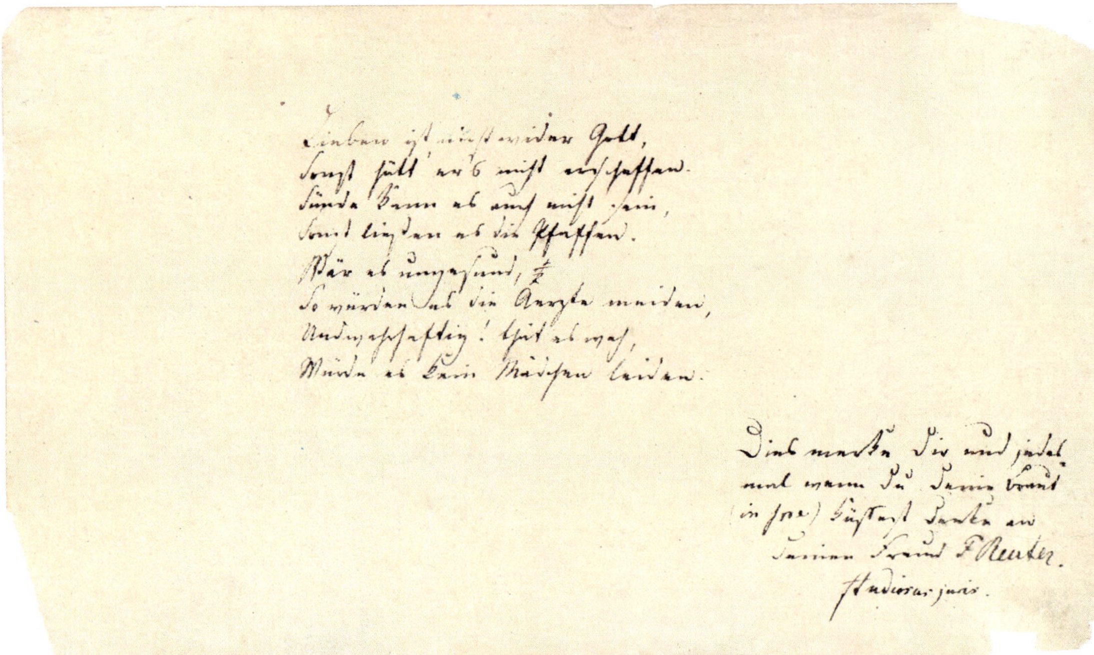

»Lieber Vater ... Auf unserer Universität sieht es schlimm aus, sehr schlimm; seit drei Tage vor Weihnachten ist fast kein Tag vergangen, wo nicht fürchterlicher Straßentumult von den Studenten ausgeübt wurde, dem Amtmann, mehreren Professoren und anderen Privatleuten sind die Fenster eingeworfen worden, die Wache der Polizei ist demoliert worden; aber alles dies ist noch nichts gegen den Skandal von vorgestern abend, es war fürchterlich; erst erhob sich ein Gebrülle, darauf wurden alle Laternen zertrümmert, Fenster eingeworfen und der Beschluß mit der Zerstörung mehrerer Haustüren und Fensterläden gemacht. Daß ich mich von allen diesen Exzessen entfernt gehalten, wirst Du mir glauben, bei keinem bin ich tätig gewesen, und doch bin ich vielleicht schon darin verwickelt.«
Brief Reuters an den Vater,
vom 25. Januar 1833 aus Jena.

»Mein lieber Vater ... Ich habe mein 23. Jahr begonnen, aber wahrlich sehr unglücklich, und wenn es nicht besser wird, so wünschte ich, ich teilte das Los meines Hausgenossen, Ad. Haupt, der hier neben mir in der Stube liegt auf dem kalten Stroh und morgen seiner Mutter, der Erde, wiedergegeben wird. Er war mein guter Freund, und da er ein fleißiger, tüchtiger Mensch war, so war er ein Grund dazu mehr, mich mit ihm und Nauwerk – auch ein Mecklenburger – zum gemeinsamen Arbeiten in einem Hause zu verbinden. Ich muß traurig sein, ich habe keine Aufmunterung zu einer Freude, hier sitze ich nun, schreibe mühsam einen Brief, und wenn er bei dem ankommt, wo er doch am ersten Mitgefühl erwecken sollte, bei meinem Vater, so fragt der: ›Sollt's auch wohl wahr sein?‹; dann kommt der Herr von Schröter, schreibt mir einen Brief, ich solle in sein Kolleg kommen, und ich kann nicht auf den Beinen stehen.« Brief Reuters an den Vater, vom 19. November 1832 aus Jena.

Jenaer Burschenschafter protestieren gegen die Verhaftung fortschrittlicher Studenten, 1833. Federzeichnung von Rudolf Beck, 1840.

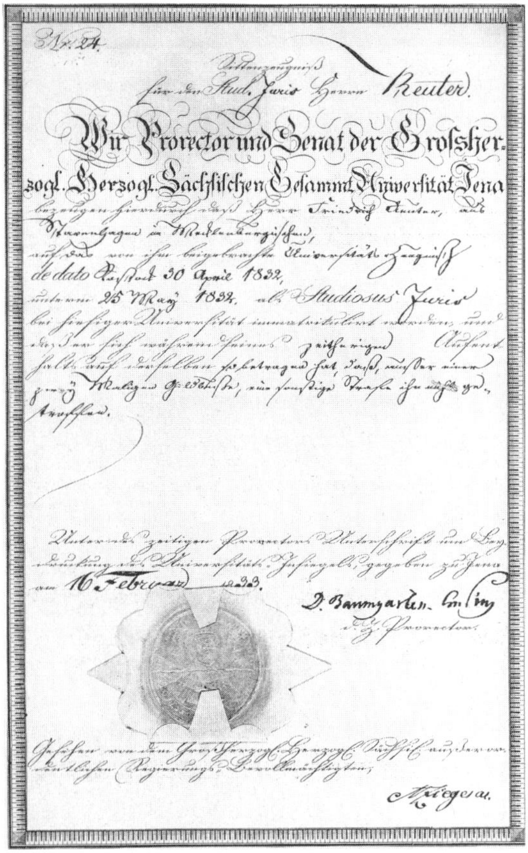
Wir Prorector und Senat der Grossherzogl. Herzogl. Sächsischen Gesammt-Universität Jena

Sittenzeugnis der Universität Jena für Fritz Reuter, ausgestellt am 16. Februar 1833. Mit diesem günstigen Führungsattest verließ Fritz Reuter am 19. Februar 1833 Jena, ließ sich im benachbarten Camburg nieder und versuchte von hier aus, eine Studienerlaubnis in Halle oder Leipzig zu erwirken, was ihm nicht gelang.

»Lieber Vater ... Ich soll nach Hause kommen, ich werde es, oder mit andern Worten, ich werde das Studieren aufgeben, ich tue es mit ungemeinem Mißbehagen; aber keine menschliche Gewalt wird mich je wieder dazu bewegen können. Aufrichtig gesprochen, ich halte das Studium der Jurisprudenz für die schrecklichste Arbeit, die ich mir denken kann, aber ich halte es jetzt für das größte Glück auf der Welt, wenn ich weiter darin studieren könnte, weil es der einzige Weg ist, das von mir begangene Unrecht gutzumachen. Noch einmal, Vater, willst Du den Handschlag, den ich im vorigen Briefe Dir geboten habe, annehmen, ich biete ihn Dir noch einmal an, schlägst Du ihn aus, so bin ich verloren, denn die letzte Spur Deines Vertrauens ist hin; nimmst Du ihn an, soll Deine Güte gesegnet sein, die Früchte Deines Vertrauens werden nicht ausbleiben. Bewahre diesen Brief auf, damit er einst für meinen guten Willen Zeuge werde oder sonst für meine moralische Kraft. Mit Bedauern muß ich jetzt noch bemerken, daß es mir nicht möglich ist, Deiner Aufforderung, gleich nach Empfang der 15 Taler nach Hause zu kommen, Genüge zu leisten, wie ich Dir in einem früheren Briefe geschrieben, habe ich Schulden in Jena, und auch hier werde ich nicht alles bezahlen können; zur Deckung dieser Ausgaben bat ich in meinem vorigen Briefe um 40 Taler mehr als meinen gewöhnlichen Wechsel; solltest

Du mich nach München gehen lassen, so gewähre mir diese Bitte, sollte sich dies nicht mit Deinen Ansichten vertragen, so bitte ich Dich inständigst um 50 Taler; ich hoffe, Du wirst diese, obgleich unbillige, Bitte erfüllen, es soll auch das letzte Geld sein, was ich von Dir verlange. So habe ich Dir nun einen Brief geschrieben, den schwersten, den ich jemals geschrieben habe und den ich nie im Leben zum zweiten Male schreiben werde, wollte Gott, er verfehlte seinen Zweck nicht, wenigstens verdient er es nicht, denn das, was von seinen Worten der Vergangenheit zugehört, ist wahr, was noch in der Zukunft schwebt, mache ich wahr, und sollte ich verderben.«
Brief Reuters an den Vater, vom 5. April 1833 aus Camburg.

Camburg, wo sich Fritz Reuter vom 19. Februar bis 30. April 1833 aufhielt. Seine Wohnung hatte er beim Ratskellerwirt Frische. Zeitgenössischer Stahlstich.

Folgende Seite:
Reisepaß Reuters vom 30. April 1833 zur Rückreise nach Stavenhagen.

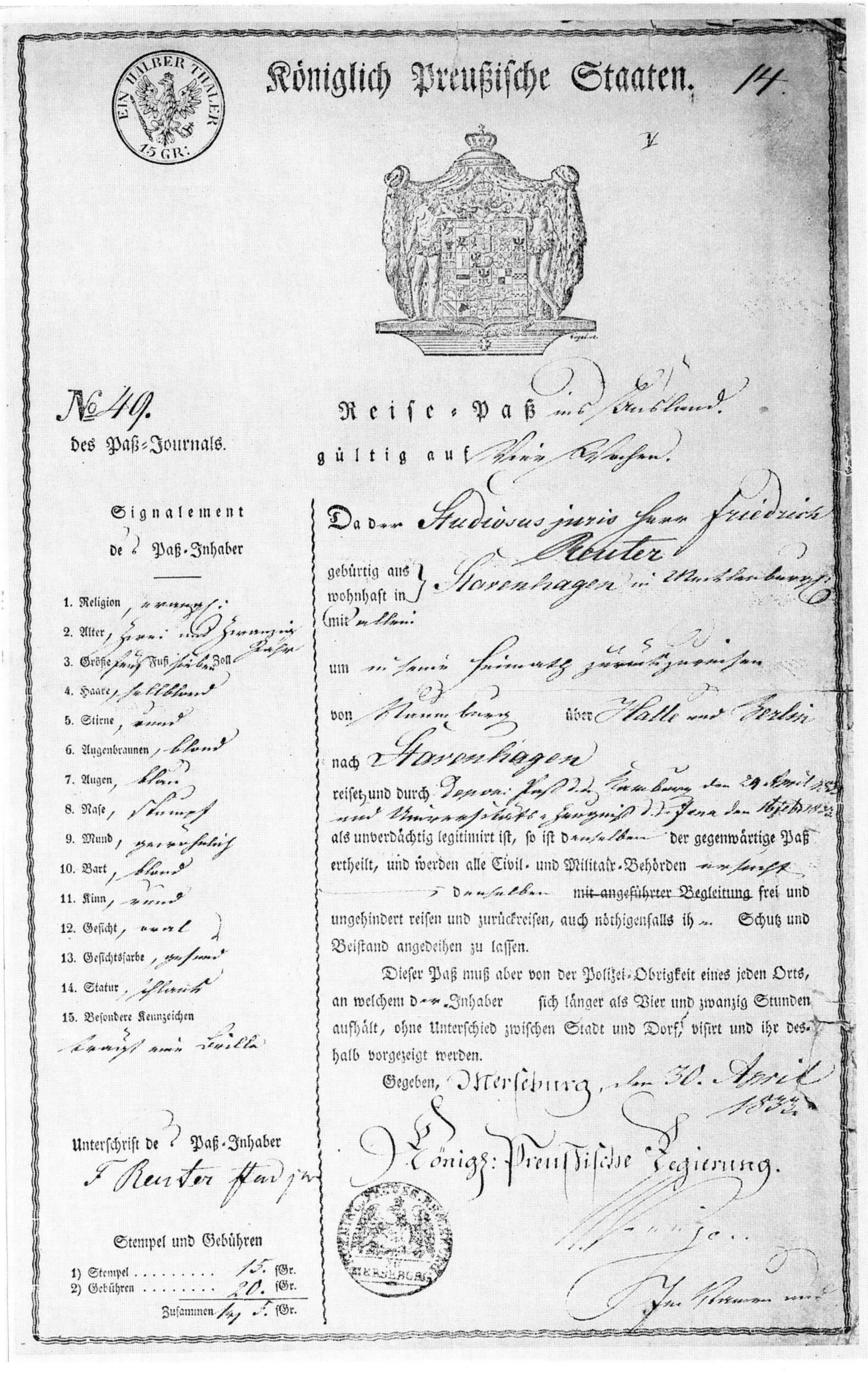

Königlich Preußische Staaten. 14.

№ 49.
des Paß-Journals.

Reise-Paß ins Ausland.
gültig auf Vier Wochen.

Signalement
der Paß-Inhaber

1. Religion, lutherisch
2. Alter, zwei und zwanzig Jahre
3. Größe fünf Fuß sieben Zoll
4. Haare, hellblond
5. Stirne, rund
6. Augenbraunen, blond
7. Augen, blau
8. Nase, stumpf
9. Mund, gewöhnlich
10. Bart, blond
11. Kinn, rund
12. Gesicht, oval
13. Gesichtsfarbe, gesund
14. Statur, schlank
15. Besondere Kennzeichen
trägt eine Brille

Unterschrift der Paß-Inhaber
F. Reuter stud. jur.

Stempel und Gebühren
1) Stempel . . . . 15. sGr.
2) Gebühren . . . . 20. sGr.
Zusammen 1 Thl 5. sGr.

Da der Studiosus juris Herr Friedrich Reuter
gebürtig aus / wohnhaft in Stavenhagen im Mecklenburgischen
mit allein
um in seine Heimath zurückzureisen
von Naumburg über Halle und Berlin
nach Stavenhagen
reiset, und durch Depot-Paß d.d. Hamburg den 29 April 18.. und Universitäts-Zeugniß d.d. Jena den 16 Febr 1833
als unverdächtig legitimirt ist, so ist demselben der gegenwärtige Paß ertheilt, und werden alle Civil- und Militair-Behörden ersucht, denselben ~~mit angeführter Begleitung~~ frei und ungehindert reisen und zurückreisen, auch nöthigenfalls ihm Schutz und Beistand angedeihen zu lassen.

Dieser Paß muß aber von der Polizei-Obrigkeit eines jeden Orts, an welchem der Inhaber sich länger als Vier und zwanzig Stunden aufhält, ohne Unterschied zwischen Stadt und Dorf, visirt und ihr deshalb vorgezeigt werden.

Gegeben, Merseburg, den 30. April 1833.

Königl: Preussische Regierung.

4.
Sieben Jahre hinter Festungsmauern »Ut mine Festungstid«

Sturm auf die Polizei-Hauptwache in Frankfurt am Main am 3. April 1833. Nach dem gescheiterten Frankfurter Wachensturm, einem Handstreich revolutionärer Demokraten, erreichte die Demagogenverfolgung, gerichtet vor allem gegen fortschrittliche Studenten und Burschenschafter, ihren Höhepunkt. Die Verfolgung der Burschenschafter erstreckte sich auf alle deutschen Bundesländer, insbesondere aber auf Preußen. Zeitgenössischer Stich.

Berlin. Stahlstich von G. Heisinger und J. M. Kolb nach einer Photographie von L. Rohbock. In Berlin und Leipzig hatte Fritz Reuter vergeblich versucht, zum Studium der Rechte immatrikuliert zu werden. Der Aufenthalt Ende Oktober 1833 in Berlin bedeutete äußerste Gefahr für seine Freiheit.

Haus Schützenstraße 23 in Berlin. Am 31. Oktober 1833, früh sieben Uhr, wurde Fritz Reuter im Hause des Hof-Kupferschmiedemeisters Albert Münster, Schützenstraße 23, vom Polizeikommissar Hoffrichter verhaftet und zur polizeilichen Untersuchung in die Stadtvogtei gebracht. Alte Ansichtskarte.

Berliner Stadtvogtei.
Hier war Fritz Reuter vom 31. Oktober bis 31. Dezember 1833 in polizeilicher Untersuchungshaft. Alte Ansichtskarte.

Hof der Berliner Hausvogtei.
Gezeichnet von Fritz Reuter, 1834.
Hier befand sich Fritz Reuter vom 1. Januar bis 12. November 1834 in gerichtlicher Untersuchungshaft.

Hof der Festung Silberberg im Eulengebirge (Schlesien). Lichtbild, 2. Hälfte 19. Jahrhundert. Vom 12. November 1834 bis Mitte Februar 1837 war Reuter auf der Festung Silberberg interniert. Erst am 28. Januar 1837 wurde ihm das Urteil des Berliner Kammergerichts mitgeteilt. Es lautete, »daß der stud. jur. H. L. C. F. Reuter wegen Teilnahme an hochverräterischen burschenschaftlichen Verbindungen in Jena und wegen Majestätsbeleidigung mit der Einziehung seines Vermögens zu bestrafen und mit dem Beil vom Leben zum Tode zu bringen sei.« Gleichzeitig wurde die »Begnadigung« verkündet.

»Mein lieber Vater … ich mag es drehen, wie ich will, ich fürchte dennoch, immer alle Deine Hoffnungen, die Du auf meine Befreiung gesetzt hast, mit einem Schlage zu zertrümmern; aber es hilft nicht, erfahren mußt Du es, und so will ich denn wenigstens dasselbe Zartgefühl wie die uns dasselbe publizierenden Gerichtspersonen beobachten. Mit dem Urteile zugleich ist die Begnadigung des Königs angelangt, worin bestimmt wird, daß der König diejenigen, welche zum Tode verurteilt sind, auf 30 Jahre begnadigt hat, und zu diesen, mein lieber Vater, gehöre ich.«
Brief Reuters an den Vater, vom 31. Januar 1837 aus Silberberg.

»Mein lieber Vater … meine Kasematte ist feucht und ungesund – der Salpeter hängt in Kristallen an den Wänden herab – und so groß, daß ich sie bei dieser abscheulichen Kälte und dem noch

schädlicheren Zuge nicht erheizen kann. Am meisten leiden meine Augen.«
Brief Reuters an den Vater, vom 19. November 1835 aus Silberberg.

»Lieber Fritz, ich weiß nicht, ob diese Zeilen an Dich gelangen werden. Die Menschenfreundlichkeit Deiner Richter wird es jedoch hoffentlich gestatten. Heute morgen erhielt ich die unglückliche Nachricht der Arretierung Deiner. Weg mit Verweisen, sie können hier nicht nützen. Wenn Du gefehlt hast, so ertrage nun auch Dein Vergehen mit Mut. Sei größer als Deine etwaige Schuld. Milde Richter waren von jeher Deutschlands Zierde. Sie werden auch Dir sein, so hoffe ich zu Gott. Überzeugt mit allen, die Dich kennen, von der Güte Deines Herzens, vergebe ich Dir, hättest Du gefehlt. Rechne daher auf die Fortdauer meiner Liebe zu Dir und meiner Teilnahme für Dich. Dies nur bitte ich als Vergeltung: suche Deine Gesundheit zu erhalten, so viel als möglich, und verwende, ernstlich arbeitend, Deine Einsamkeit und Zeit so nützlich, als es die Umstände und die Güte Deiner Richter nur gestatten, und gieb mir, wenn es Dir erlaubt wird, Nachricht von Dir. Gott lenke alles zum Besten! Es grüßt Dich Dein treuer Vater.«
Brief des Vaters an Fritz Reuter, vom 4. November 1833 aus Stavenhagen.

Festung Groß Glogau an der Oder. Reuter war hier von Mitte Februar bis Mitte März 1837 inhaftiert. Zeichnung.

»Lieber Vater ... Meine Gesundheit kann ich nicht sehr loben; früher freilich habe ich darüber andere Berichte an Dich senden müssen; aber wenn man 6 Monate in Gefängnissen gesessen hat, worin man auch nicht die geringste Bewegung hatte, und zur Abwechslung in anderen, die so feucht waren, daß einem die Stiefel, die man nicht zufälligerweise auf den Füßen hatte, vermoderten, so kannst Du Dir wohl denken, daß das körperliche Wohlbefinden einen bedeutenden Stoß erlitten hat. Ich habe 3 Monate hindurch beständig auf dem Strohsacke, den wir geliefert erhielten, gelegen, weil – ich nicht sitzen konnte; doch das ist alles nichts gegen den unersetzlichen Verlust, den meine Augen erlitten haben und den ich den dunkeln, mit Blech vernagelten Fenstern meines Gefängnisses zuschreiben muß.«
Brief Reuters an den Vater, vom 26. November 1834 aus Silberberg.

»Nun, aber, mein lieber Vater, will ich Dir selbst das Bekenntnis ablegen, daß ich früher mehr geistige Getränke getrunken habe, als mir dienlich war, obgleich ich nie in grober Trunkenheit gewesen bin. Ich breche von diesem Punkte jetzt ab, weil das, was ich noch hinzufügen kann, vielleicht als Entschuldigung scheinen könnte, und ich weiß, daß Du kein Freund davon bist. Versicherungen schicke ich auch nicht mit, weil ich diese für sehr übel angebracht halte. Nur eine Bitte noch, wende Dich an keinen anderen als an mich und sei nicht der Meinung, als wenn Du durch andere das erfahren wirst, was Du nicht durch mich erfährst. Sei es was es wolle.«
Brief Reuters an den Vater,
vom 20. Januar 1836 aus Silberberg.

Fritz Reuter als Festungsgefangener in Magdeburg. Selbstbildnis, 1837.

»Mein lieber Vater ... Verlassen habe ich in Silberberg viel, was ich hier nicht wiedergefunden, Freunde und Bekannte, die durch ein Glauben und Hoffen mit mir verwandt, durch ein gleiches Geschick mir noch enger verknüpft waren.
Die daselbst verlebten Tage werde ich nie vergessen, sie bilden einen lehrreichen Abschnitt meines Lebens, dort wogten bunt durcheinander in meiner Seele Hoffnung und Verzweiflung, höchstes Glück und tiefstes Leid, und wenn dieser mein jetziger Aufenthaltsort auch jenem nicht gleich ist in äußeren Anregungen, so schweigen hier auch die dort herrschenden Stürme, die Kontraste.«
Brief Reuters an den Vater,
vom 23. Februar 1837 aus Groß Glogau.

»Unsere Zimmer liegen gänzlich nach Norden, so daß bis jetzt noch kein freundlicher Sonnenstrahl durch die Gitter und in das kleine ... Fenster gedrungen ist; die Lokale sind so feucht, daß Stiefel, Bücher, ja selbst Holzwaren, vom Schimmel überzogen und verdorben werden. Die Heizung wird mit Luft bewerkstelligt, die unsinnigerweise oben hereinströmt anstatt unten, so daß man kalte Füße und heißen Kopf erhält, ein herrliches Mittel, um künstliche Kongestionen nach dem Kopfe hervorzubringen; das Wasser ist Elbwasser, widerlich weich und zuweilen gänzlich durch Schmutz und Sand

untrinkbar. Des Tages haben wir zwei Freistunden, die in einem von hohen Mauern umschlossenen und gegen Norden gelegenen Hofe abgehalten werden, und dem man, der Gesundheit wegen, an jedem Ende eine große Kotgrube zugegeben hat, in welchen beiden Gruben sich die Abgänge von zirka 200 Menschen sammeln. Alle diese Umstände, vereint mit der äußersten Beschränktheit der Zimmer, in welchem jeden meist zwei Mann wohnen, erzeugten häufige Krankheiten, die in diesem Sommer sich so häuften, daß über die Hälfte im Lazarett sich befanden, worunter auch ich.«
Brief Reuters an den Vater, vom 3. März 1838 aus Magdeburg.

Festung Magdeburg.
Von Mitte März 1837 bis zum 10. März 1838 war Fritz Reuter im Inquisitoriat der Festung Magdeburg unter unmenschlichen Bedingungen eingekerkert.
Lichtbild, 19. Jahrhundert.

Festung Graudenz an der Weichsel. Auf der Festung Courbière in Graudenz saß Reuter vom 15. März 1838 bis 15. Juni 1839 in Haft. Dem human fühlenden Kommandanten von Toll hatten die Gefangenen viele Vergünstigungen zu verdanken. Lichtbild.

Generalmajor Ludwig von Toll (1775 bis 1851), Kommandant der Festung Graudenz.
Lithographie.

Festung Dömitz an der Elbe.
Am 20. Juni 1839 wurde Reuter in die mecklenburgische Festung Dömitz eingeliefert, und am 25. August 1840 ist er aus ihr für immer entlassen worden. Lichtbild, um 1928.

Blick auf das Wachgebäude der Festung Dömitz. Im ersten Stock des Wachgebäudes war Fritz Reuter in einem Zimmer mit unvergitterten Fenstern untergebracht.
Lichtbild, um 1928.

Oberstleutnant Christian von Bülow (1767 bis 1850). Kommandant der Festung Dömitz.
Pastell von Fritz Reuter.

Frieda von Bülow (1822 bis 1894). Tochter des Dömitzer Festungskommandanten. Reuters Jugendliebe aus der Dömitzer Festungszeit.
Pastell von Fritz Reuter, 1839.

»Mein lieber Vater ... Ich habe wieder gefehlt; jedoch nicht in dem Maße wie früher, zwar bin ich unwohl darnach geworden, doch nicht bedeutend, und bin ganz wiederhergestellt. Wieder muß ich Deine Nachsicht in Anspruch nehmen, muß wieder Dich bitten, auf meine Entschuldigung Rücksicht zu nehmen, muß wieder Dich beschwören, die Schuld und die Ursachen derselben abzuwägen, und Du wirst mir zugestehen müssen, daß ich mehr Dein Bedauern als Deine Verdammung verdiene. Wäre es das erstemal, daß ich in einer so fürchterlichen Lage zu diesem Betäubungsmittel gegriffen hätte, so wollte ich nichts dazu sagen, aber seit 7 Jahren gewohnt, stets dazu zu greifen, geht dies mir unbewußt vor sich, ich denke gar nicht daran, habe keinen Freund, der mich warnt. ... Alle Hoffnungen, die ich seit einiger Zeit in mir wieder aufkeimen ließ, sind zerstört, die Freiheit hat mir wieder den Rücken zugekehrt.«
Brief Reuters an den Vater,
vom 24. Juli 1840 aus Dömitz.

»So! Säben Johr legen achter mi, säben swore Johr, ... in dese Johren was nicks gescheihn, mi vörwarts tau helpen in de Welt, un wat sei mi mäglich nützt hewwen, dat lagg deip unnen in'n Harten begrawen unner Haß un Fluch un Grugel; ick müggt nich doran rögen; 't was, as süll ick Gräwer upriten un süll minen Spaß mit Dodenknaken bedriwen. ... Ok de Minschen wiren anners worden. – Männigein hett mi 'ne fründliche Hand henreckt; äwer in'n ganzen stimmte ick nich mihr mit ehr tausam. Mi was tau Maud', as wir ick en Bom, de kröppt wir, un üm mi rümmer stunnen de annern un gräunten un bläuhten un nemen mi Licht un Luft weg.
Min oll Vader was nah Däms henkamen un hadd mi besöcht; hei was desülwige olle gaude Vader von vördem; äwer in de säben Johr wiren mit mine Hoffnungen ok sine verdrögt; hei hadd sick gewennt, mi so antauseihn, as ick mi sülwst ansach – as en Unglück; hei hadd sick för de Taukunft en annern Tausnitt makt, un ick stunn nich mihr vöran in sin Rekenexempel. Wi wiren uns frömd worden: de Schuld lagg mihr an mi as an em; de Hauptschuld äwer lagg dor, wo mine säben Johr legen.«
Aus »Ut mine Festungstid«, Kapitel 26.

Hermann Grashof (1809 bis 1867). Leidensgenosse Fritz Reuters während der Haft in der Berliner Hausvogtei und auf der Festung Magdeburg. Reuter widmete ihm »Ut mine Festungstid«. Lichtbild, um 1860.

»Meinem biedern Freunde und treuen Leidensgenossen, Hermann Grashof, zu Lohe in Westfalen
Will auch der eigne Spiegel nicht
Das Bild Dir ganz genau so zeigen,
Und spielt darauf zu heitres Licht
Und pflückt' ich von den Disteln Feigen,
So denk', verwunden ist das Leid,
Und Jahre lagern sich dazwischen:
Die Zeiten nach der bösen Zeit,
Sie konnten manches wohl verwischen.
Und habe ich den bittern Schmerz
Durch Scherz und Laune abgemildert,
So weiß ich doch, Dein freundlich Herz
Lacht auch dem Spaß, den ich geschildert.«

Fritz Reuter.

Transport des Festungsgefangenen
Fritz Reuter.
Illustration zu »Ut mine Festungstid«.
Holzschnitt nach einer Zeichnung
von Hermann Lüders, 1872.

Albert Schultze (1808 bis 1877). War Burschenschafter und Reuters Mitgefangener auf den Festungen Magdeburg und Graudenz. Später Rechtsanwalt und preußischer Justizrat. Als »De Kapteihn« in »Ut mine Festungstid«. Druck nach einem Gemälde von Fritz Reuter.

Friedrich Wilhelm Vogler (1811 bis 1854). Mitgefangener auf den Festungen Magdeburg und Graudenz. Später Bürgermeister in Könnern (Saale). Als »Kopernikus« in »Ut mine Festungstid«. Druck nach einem Pastellbild von Fritz Reuter.

»Mein lieber Bruder, Du hast der Welt ein schönes Geschenk mit Deinen 44 Monaten gemacht, vor allem aber mir, der ich mit derselben Wiege gewiegt worden bin und der schon seit einem Jahre mit der Abfassung einer ähnlichen Geschichte meiner Jammerperiode beschäftigt bin. ... Zwischen meinem Jetzt und meinem Damals liegen aber schon 25 Jahre, die mich manche Bitterkeit vergessen lassen konnten und mich in den Stand setzten, sogar diese Zeit meines Lebens in die rosigen Fluten des Humors zu tauchen; aber alle Momente wollen sich nicht heiter färben lassen, sie bleiben in ihrem scheußlichen Grau gekleidet stehen, und wenn ich die heiteren auch ein wenig mit erfundenem Spaß auflasiert habe, die grauen habe ich ehrlich in ihrer trübseligen Wahrheit stehenlassen.«
Brief Reuters an Julius Wiggers, vom 27. Januar 1862 aus Neubrandenburg.

Julius Wiggers (1811 bis 1901). Universitätsprofessor. Freundschaft zu Reuter seit gemeinsamer Studentenzeit in Rostock. 1848/49 Abgeordneter des Verfassunggebenden Landtags in Schwerin. 1852 war er Angeklagter im »Rostocker Hochverratsprozeß« und von 1853 bis 1857 in Haft. Wiggers schrieb und veröffentlichte 1861 »Vierundvierzig Monate Untersuchungshaft«. Lichtbild, 2. Hälfte 19. Jahrhundert.

»Ick will nicks wider dorvon seggen, denn up Stun'ns noch, nah fiwuntwintig Johr, kriwwelt mi de Hut, wenn ick doran denk. Un denn wunnern sick de Lüd' noch, wo einer Demokrat warden kann. As wi inspunnt würden, wiren wi't nich, as wi rute kemen, wiren wi 't all.«
Aus »Ut mine Festungstid«, Kapitel 10.

Der aus der Haft entlassene
Fritz Reuter hält Rast
in der Grabower Heide.
Illustration zu »Ut mine Festungstid«.
Holzschnitt nach einer Zeichnung
von Friedrich Hiddemann, 1872.

5.
Von Heidelberg nach Jabel

Heidelberg um 1840.
Fritz Reuters Versuch, sein Jurastudium in Heidelberg 1840/41 erfolgreich fortzusetzen und zu beenden, mißlang. Der Vater, dem die tiefe Zerrüttung des Sohnes gemeldet worden war, ließ ihn im Juli 1841 nach Mecklenburg zurückholen.
Stahlstich nach einer Zeichnung von E. Willmann.

Universität Heidelberg.
Lichtbild, um 1900.

Universitätsplatz in Heidelberg, 1803.
Zeichnung von F. Rottmann.

Pfarrhaus zu Jabel, Herberge und Idylle für Fritz Reuter nach dem gescheiterten Studienversuch in Heidelberg. Foto, 1984.

Tausendjährige Eibe auf dem Pfarrhof in Jabel. In ihrem Schatten trafen sich oft zum Gespräch: Pastor Ernst Reuter, Küster Heinrich Suhr, Förster Wilhelm Schlange und Fritz Reuter. Foto, 1984.

»Mein lieber, guter Schlange ... Ja, mein alter, lieber Freund, mit dem Krewt-Hölkern und den schönen Jagden im Käkenpott, wo Ehren-Paesel und ich uns mit unvergänglichem Ruhm bedeckten, ist es nun vorbei und der einzige Genuß, den ich von der Natur – und eine schöne Natur haben wir hier in Eisenach – habe, ist, daß ich in meinem Garten, eigentlich Berg, umherwurmisiere. ... Aber von Deinen übrigen Kindern sagst Du mir nichts, und ich habe sie ja alle so lieb gehabt. ... Was macht aber vor allem meine kleine, liebe Jette, die so bittere Erfahrungen hinter sich hat? Oh, wie oft und wie gerne denke ich an die Zeit, wo sie mit ihrem paschenen Röckchen auf meinen Knien saß und wieder aufsprang und fortlief und wiederkam und mich mit ihren unschuldigen Rehaugen fragend ansah. Es war ein reizendes Gottesgeschöpf und Dir am ähnlichsten von allen Deinen Kindern. Und nun lebe wohl, mein alter, treuester Freund.«
Brief Reuters an Wilhelm Schlange, vom 13. Februar 1873 aus Eisenach.

Ernst Reuter (1783 bis 1852).
Der Bruder des Bürgermeisters Reuter in Stavenhagen. Von 1812 bis 1843 war er Pastor in Jabel. Von Juli bis November 1841 fand der »gemütskranke« Fritz Reuter in seinem Hause verständnisvolle Aufnahme und gesundete bald.
Pastellbildnis von Fritz Reuter.

Sophie Reuter geb. Engel (1790 bis 1863). Frau von Pastor Ernst Reuter und Tante Fritz Reuters.
Zeitgenössisches Lichtbild.

Wilhelm Schlange (1798 bis 1882). Förster in Jabel. Zwischen ihm und Reuter entstanden während des Jabelaufenthaltes Reuters enge freundschaftliche Beziehungen, die ein Leben lang dauerten.
Als »Förster Slang'« hat Reuter ihn in den »Läuschen« und in der »Stromtid« verewigt. Lichtbild.

Heinrich Suhr (1800 bis 1882) war Schneider, Schullehrer und Küster in Jabel und Reuters Angelfreund 1841. Trat 1846 die Nachfolge seines Vaters an, dem er ab 1833 als Lehrer und Küster in Jabel beigegeben war. An ihm fiel die missingsche Sprechweise auf. Reuter hat ihn als Köster Suhr in den Büchern »De Reis' nah Belligen«, »Läuschen un Rimels« und »Hanne Nüte« unsterblich gemacht. Lichtbild.

6.
Als Strom auf mecklenburgischen und vorpommerschen Gütern

Schloß Basedow bei Malchin, Stammsitz der gräflich Hahnschen Familie. Graf Friedrich Wilhelm Adolf von Hahn (1804 bis 1859) war der reichste Gutsbesitzer Mecklenburgs. Zu seinen Besitzungen gehörten 36 Ortschaften, darunter auch das Dorf Demzin, das Franz Rust in Pacht hatte, bei dem Fritz Reuter von 1842 bis 1845 als landwirtschaftlicher Volontär, als Strom, tätig war. Stahlstich aus dem Verlag der Hof- und Steindruckerei Tiedemann zu Rostock.

Des
Durchlauchtigsten Fürsten und Herrn
HERRN
Christian Ludewigs
Herzogen zu Mecklenburg,
Fürsten zu Wenden, Schwerin und Ratzeburg, auch
Grafen zu Schwerin, der Lande Rostock und
Stargard Herrn rc.
mit DERO
Ritter- und Landschaft
getroffener
Landes-Grund-Gesetzlicher
Erb-Vergleich
Vom Dato Rostock den 18ten April
1755.

Der Landesgrundgesetzliche Erbvergleich von 1755. Diese Interessenübereinkunft zwischen den Herzögen und den Ständen verbriefte insbesondere die Privilegien des Adels, unter anderem auch das Recht zum »Verlegen und Niederlegen« der Bauern.
Der Erbvergleich galt bis 1918.

»Ja, Mecklenburg, du bist in sozialer Beziehung das Land der Extreme, du hast Güter, auf denen man darauf studieren muß, die Erträge eines Jahres in einem Jahr aufzufressen, und du hast Büdnereien, auf denen man darauf studieren muß, die Erträge eines Jahres nicht in einem Tage aufzufressen; aber Güter, auf denen man leben kann, ohne reich zu werden, Güter, die den Luxus verbieten und der Armut steuern, Güter, die den Menschen auffordern zu körperlicher Anstrengung und geistiger Beschäftigung und ihm Zeit geben zu körperlicher Ruhe und geistigem Genuß – nein, solche Güter hast du nicht! In den vorherrschendsten deiner Stände ist die Sorge für das Materielle sichtbar vorherrschend, und der Hauptunterschied unter fast allen deinen Kindern ist der, daß die einen es ungeteilt genießen, die andern ohne Genuß dafür arbeiten.«
Aus »Herr von Hakensterz und seine Tagelöhner«, Kapitel 5.

Mecklenburgischer Tagelöhnerkaten. Lichtbild.

Gutshaus in Demzin, Wohnsitz der Pächterfamilie Rust. Fritz Reuter hatte hier für die Jahre von 1842 bis 1845 sein Quartier.
Lichtbild, um 1930.

Franz Rust (1800 bis 1856).
Rittergutspächter auf Demzin,
Reuters Lehrherr.
Druck nach einem Gemälde.

»Die alten Bauernhäuser mit ihren wankenden, schiefen Giebeln, aus denen der Regen den Lehm gewaschen hat, mit ihren zerzausten, wirren Strohdächern, ihren verräucherten Türen sehen aus wie alte, grauköpfige Leute, die so lange mit dem Kopfe geschüttelt und Runzeln gezogen haben, bis sie bis ins Innerste hinein versäuert sind und nun keine andere Freude mehr kennen, als Tabakrauchen und den Vorübergehenden griesgrämliche Gesichter zu schneiden; und die Wohnungen der Katenleute und Einlieger sehen aus wie alte Dienstmädchen, die nicht einmal in ihrer Jugend hübsch gewesen sind und nun im Alter die Reinlichkeit verschmähen, wie sie in früheren Jahren den Putz verschmähten, weil er ihnen doch nichts helfen konnte; ihre Fenster sehen triefäugig aus, und ihre Doppeltüren klaffen so zahnlos.«
Aus »Herr von Hakensterz und seine Tagelöhner«, Kapitel 5.

Helene und Wilhelmine Rust,
Zwillingstöchter von Reuters
Lehrherrn Franz Rust auf Demzin.
Sie waren die Vorbilder für die
Druwäppel Lining und Mining in
der »Stromtid«. Kreide-
Tuschzeichnungen von Fritz Reuter.

»Bester Herr Rust, meinen Entschluß, Sie heute ohne Abschied zu verlassen, werden Sie gewiß sehr auffallend, wo nicht unartig finden; er wird Ihnen aber minder sonderbar erscheinen, wenn ich Ihnen auseinandergesetzt haben werde, weshalb es geschehen mußte. ... Körperlich unwohl, geistig krank, von Reue zerrissen, von einem Plan zu meinem Glück auf den andern übergehend und dann alle als unausführbar von mir stoßend, bin ich ein Spielball der schrecklichsten Gedanken und Befürchtungen. In einem solchen Gemütszustande kann ich Ihnen nichts nützen, ich kann Ihnen nicht einmal erträglich sein; warum sollte ich, zum Dank für die mir erzeigte Güte, Ihnen zur Last fallen.«
Briefe Reuters an Franz Rust, vom 26. Dezember 1845.

Bürgermeister Reuter. Am 22. März 1845 starb Bürgermeister Reuter in Stavenhagen. Sein Testament zerschlug die Pläne des Sohnes Fritz Reuter, sich eine landwirtschaftliche Existenz aufzubauen.
Lithographie von C. Fischer nach Zeichnung von Fritz Reuter, gedruckt bei L. Zöllner in Berlin.

»Als ich von der Festung entlassen wurde, wußte kein Mensch – ich am allerwenigsten –, was mit mir anzufangen sei; mein guter alter Vater bestand jedoch darauf, ich sollte jura weiter studieren, ich mußte nach Heidelberg gehen und – siehe da! – es ward nichts daraus, nach einem halben Jahre kehrte ich zurück und wurde Landmann, das bin ich bis zum Tode meines Vaters (1845) und darüber hinaus bis zum Jahre 50 gewesen; aber ohne Hoffnung, jemals mein eigener Herr werden zu können. Mein Vater, der ein ganz gutes Vermögen hinterließ, setzte voraus, daß meine ältere Schwester und ich uns beide nie verheiraten würden, und begünstigte meine jüngere, schon damals verheiratete Schwester dergestalt in seinem Testamente, daß sie mindestens das 6fache von dem erhielt, was uns zufiel. So kam denn auf mein Teil so wenig, daß ich nie daran denken konnte, mir als Landmann eine eigene Hütte zu bauen, und das wollte ich doch gerne, weil ich damit stark umging, meine jetzige Frau, eine Pastortochter ohne Vermögen, zu heiraten.«
Brief Reuters an Wilhelm Wolff, vom 12. Januar 1864.

Pfarrhaus in Rittermannshagen. Die oberen Giebelfenster gehörten zur Wohnstube Luise Kuntzes, die in den vierziger Jahren als Kindererzieherin im Hause des Pastors Augustin in Rittermannshagen angestellt war.

Luise Kuntze (1817 bis 1894). In Grevesmühlen geboren, verlebte sie ihre Kindheit in Roggenstorf, wo ihr Vater, Wilhelm Kuntze, von 1818 bis 1858 Pastor war. Im Mai 1847 wurde sie Fritz Reuters Braut und am 16. Juni 1851 seine Frau. Kreide-Tuschzeichnung von Fritz Reuter, um 1847.

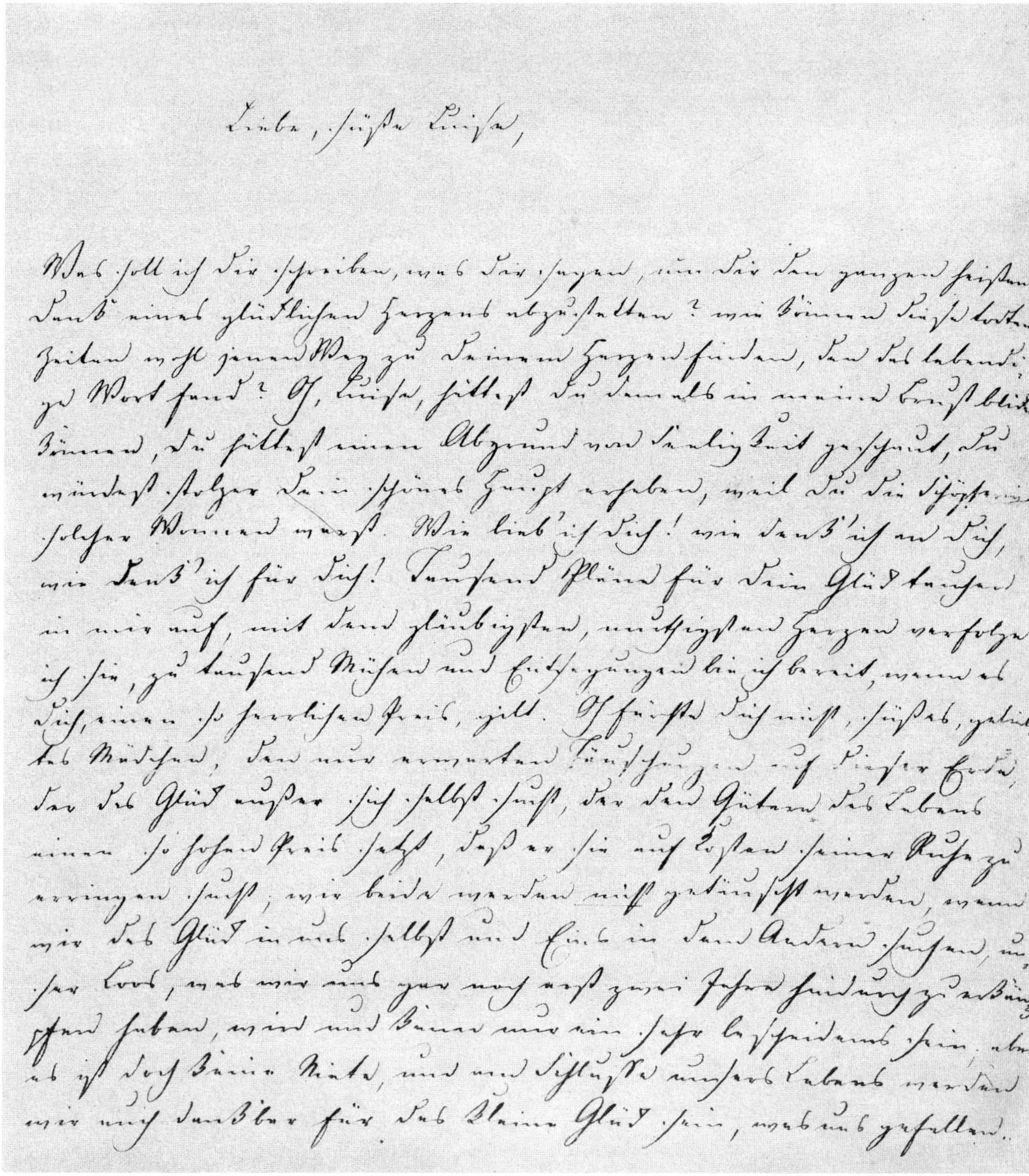

Liebe, süße Luise,

Was soll ich Dir schreiben, was Dir sagen, um Dir den ganzen heißen Dank eines glücklichen Herzens abzustatten? wie können diese todten Zeilen wohl jenen Weg zu Deinem Herzen finden, den das lebendige Wort fand? Oh, Luise, hättest Du damals in meine Brust blicken können, Du hättest einen Abgrund von Seligkeit gesehen, Du würdest stolzer Dein schönes Haupt erheben, weil Du die Schöpferin solcher Wonnen warst. Wie lieb ich Dich! wie denk' ich an Dich, wie denk' ich für Dich! Tausend Pläne für Dein Glück tauchen in mir auf, mit dem gläubigsten, muthigsten Herzen verfolge ich sie, zu tausend Mühen und Entsagungen bin ich bereit, wenn es Dich, einen so herrlichen Preis, gilt. Fürchte Dich nicht, süßes, geliebtes Mädchen, den nur verwöhnten Ansprüchen auf dieser Erde, der das Glück außer sich selbst sucht, der den Gütern des Lebens einen so hohen Preis setzt, daß er sie auf Kosten seiner Ruhe zu erringen sucht; wir beide werden nicht getäuscht werden, wenn wir das Glück in uns selbst und Eins in dem Andern suchen, unser Loos, was wir uns gar noch erst zwei Jahre hindurch zu erkämpfen haben, wird uns Beiden nur ein sehr bescheidenes sein, aber es ist doch keine Niete, und am Schlusse unseres Lebens werden wir uns dankbar für das kleine Glück sein, was uns gefallen.

Liebesbrief Fritz Reuters an Luise Kuntze, vom 10. Mai 1847 aus Thalberg.

Landpartie der Pastorenfamilie Augustin.
Federzeichnung von Fritz Reuter.

Marie Peters. Seit 1843 Ehefrau von Ökonomierat Fritz Peters.
Lichtbild, um 1860.

Fritz Peters (1819 bis 1897).
Von 1843 bis 1859 war er Rittergutspächter auf Thalberg bei Altentreptow und ab 1860 Rittergutsbesitzer auf Siedenbollentin bei Altentreptow. Zwischen Fritz Peters und Fritz Reuter sowie auch zwischen den Ehepaaren Peters und Reuter entwickelte sich eine enge Freundschaft, die fürs ganze Leben bestand. Lichtbild, um 1860.

Gutshaus in Thalberg.
Während der Jahre von 1844 bis 1850 hielt sich Fritz Reuter, der in dieser Zeit keinen festen Wohnsitz hatte, vorwiegend in Thalberg bei Fritz Peters auf. Er bewohnte das obere Giebelzimmer. Alte Ansichtskarte.

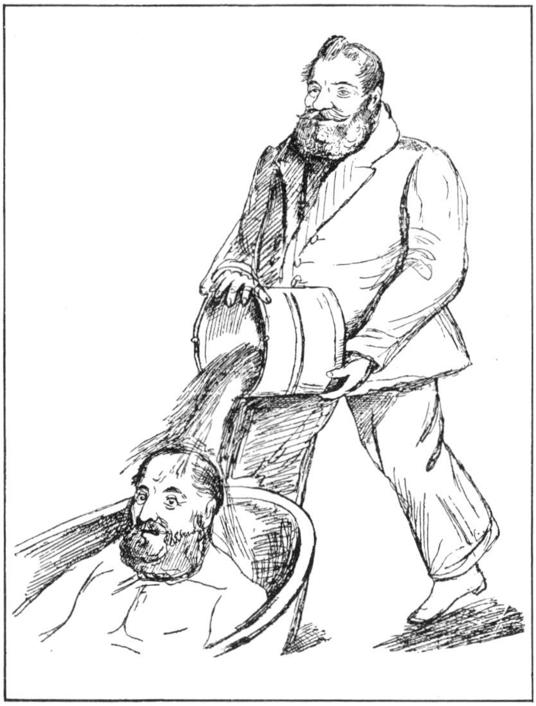

Lehsten mit seinem Spitz. Lehsten war Schäfer und Kuhhirt bei Fritz Peters in Thalberg.
Federzeichnung von Fritz Reuter.

In der Wasserkunst. Von November 1847 bis Januar 1848 weilte Fritz Reuter zu seiner ersten Kur in Bad Stuer, um sein Trinkerleiden zu bekämpfen.
Bleistiftzeichnung von Fritz Reuter.

»Mein lieber Fritz ... Ich lasse des Morgens ... sechs Grad kaltes Wasser über den Kopf gießen, sitze hernach des Tages zweimal, jedesmal zehn Minuten, in eben solchem Wasser, ... trage Tag und Nacht einen kalten, nassen Gürtel von zwei Handtüchern um den bloßen Leib und werde schon in dieser Woche täglich meinen Nachmittagsschlaf in einem nassen Laken halten müssen ... Mein ganzer Lebenslauf ist Wasser, ich werde damit begossen wie ein Pudel, werde darin ersäuft wie junge Katzen, sitze darin wie ein Frosch und saufe es wie ein Ochs. Wir sämtlichen Patienten sind an den Herrn Hagemeister von Stuer für eine namhafte Summe verpachtet, damit wir ihm eine Wiese berieseln. Du siehst, ich werde Dir für die Folge sehr nützlich werden.«
Brief Fritz Reuters an Fritz Peters, vom 10. November 1847.

7.
Fritz Reuter in der antifeudalen Bewegung und in der Revolution von 1848

Gutshaus in Scharpzow bei Stavenhagen. Bei Carl Theodor Müller (1818 bis 1878), der das Domanialgut Scharpzow bei Stavenhagen von 1839 bis 1851 gepachtet hatte, traf Fritz Reuter um 1844/45 mit Männern der oppositionellen Bewegung in Mecklenburg zusammen. Zu ihnen gehörte auch Hoffmann von Fallersleben. Er ermutigte Reuter, seine Festungserlebnisse literarisch zu verarbeiten. Foto, 1984.

Johann Pogge (1793 bis 1854). Pogge war bürgerlicher Gutsbesitzer, ihm gehörte das Gut Roggow. In der vorrevolutionären Zeit stand er mit an der Spitze der oppositionellen Bewegung und kämpfte für eine gegen den Adel und die ständische Vertretung gerichtete Verfassungsänderung in Mecklenburg. Lichtbild, 2. Hälfte 19. Jahrhundert.

Rudolf Müller (1813 bis 1890). War Pächter des Gutes Holdorf. Er gehörte zu den oppositionellen Wortführern in Mecklenburg, die die Vorrechte des Adels brechen und den Fortschritt befördern wollten. Er gewährte Ludwig Reinhard Asyl und öffnete sein Haus den liberalen und demokratischen Kräften Mecklenburgs zu Treffs. Foto nach einer Lithographie (um 1850).

Hoffmann von Fallersleben (1798 bis 1874). Nachdem er wegen seiner fortschrittlichen Gesinnung des Amtes als Professor in Breslau 1843 enthoben worden war, fand er in Mecklenburg bei Rudolf Müller auf Holdorf ab 1844 Asyl; bei Dr. Samuel Schnelle auf Buchholz erhielt er ab 1845 als Gutsinsasse Heimatrecht. Holzschnitt von E. Fröhlich.

Dr. Samuel Schnelle war Besitzer des Rittergutes Buchholz. Als Führer der bürgerlichen Gutsbesitzer in ihrem Kampf gegen die Vorrechte des Adels hatte er einen maßgeblichen Einfluß auf die Herausbildung der antifeudalen Oppositionsbewegung in Mecklenburg. Durch ihn hat Reuter Kontakt zum Redakteur Wilhelm Raabe und zu dem von diesem herausgegebenen »Mecklenburgischen Volksbuch« erhalten. Lichtbild, 2. Hälfte 19. Jahrhundert.

Mecklenburgisches Volksbuch für das Jahr 1846 (Titelblatt). Dieses Jahrbuch wurde vom Parchimer Advokaten Wilhelm Raabe von 1844 bis 1848 herausgegeben, in seiner Art bildete es eine der wenigen Publikationsmöglichkeiten der oppositionellen Kräfte und Stimmen Mecklenburgs. Im Jahrgang 1846 erschien der erste Teil von Reuters Adelssatire »Die Feier des Geburtstages der regierenden Frau Gräfin ...«.

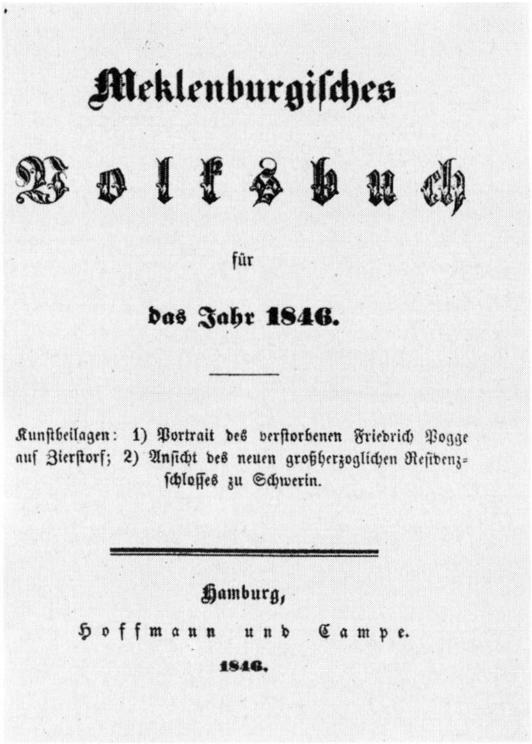

Meklenburgisches

Volksbuch

für

das Jahr 1846.

Kunstbeilagen: 1) Portrait des verstorbenen Friedrich Pogge auf Zierstorf; 2) Ansicht des neuen großherzoglichen Residenzschlosses zu Schwerin.

Hamburg,

Hoffmann und Campe.

1846.

Manuskriptseite zum hochdeutschen Romanfragment »Herr von Hakensterz und seine Tagelöhner«. Zwischen 1847 und 1850 arbeitete Reuter an diesem Werk. Es ist das Bedeutendste, was er in dieser Zeit geschrieben hat.

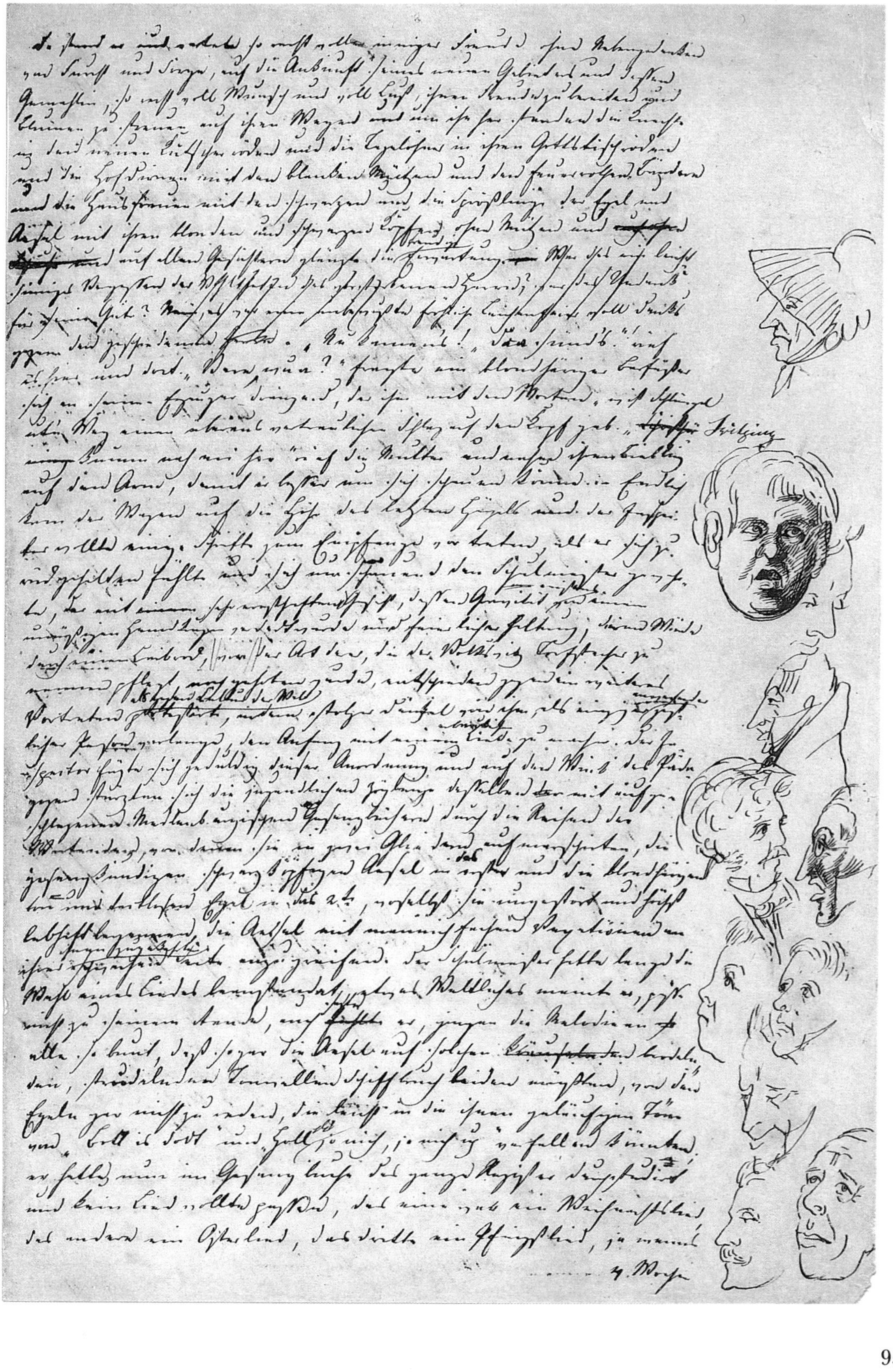

Stavenhagen um die Mitte des vorigen Jahrhunderts. In den Jahren 1848 und 1849 hielt sich Fritz Reuter in Stavenhagen auf. Er wohnte im Hause seiner Halbschwester Sophie Reuter. Von Stavenhagen aus verfolgte er das Revolutionsgeschehen 1848 und nahm aktiven Einfluß auf die Stavenhagener und Mecklenburger Reformvereinsbewegung, die zu einer Überwindung der feudalen Verhältnisse im Lande führen sollte.
Kalenderholzschnitt von 1866.

Ernst Reuter (1807 bis 1856). Er war Fritz Reuters Vetter und wuchs mit ihm zusammen im Stavenhagener Rathaus auf. Wurde Apotheker und war ab 1840 Brauereibesitzer (Nachfolger von Bürgermeister Reuter) in Stavenhagen. Lichtbild.

Sophie Reuter (1814 bis 1901). Außereheliche Tochter des Bürgermeisters Reuter, der sie 1839 legitimierte. Seit 1840 war sie mit ihrem Vetter Ernst Reuter verheiratet. Ihr hatte der Bürgermeister den Hauptteil seiner Hinterlassenschaften und seines Vermögens vererbt. Lichtbild.

Stavenhagener Markt mit Rathaus. Lichtbild, um 1865.

Westseite des Stavenhagener Marktes mit der alten Apotheke (rechts). Lichtbild, um 1870.

Dr. h. c. Carl Christoph Grischow (1793 bis 1860). Apothekenbesitzer in Stavenhagen. Er machte sich als Botaniker und Streiter für Humanismus und Fortschritt verdient. Die Stavenhagener Bürgerschaft wählte ihn 1848 zum Vorsitzenden des Reformvereins, in dem auch Fritz Reuter aktiv mitwirkte. Lithographie nach einer Zeichnung von Kreyher, gedruckt bei C. W. Ehrentraut in Berlin.

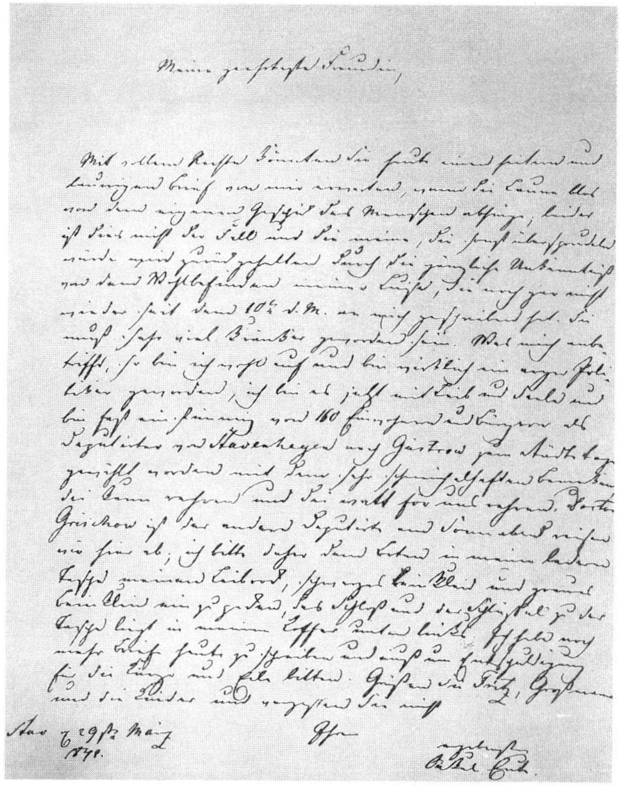

»In der Politik war er Demokrat, und zwar einer vom reinsten Wasser, denn seine Wünsche, Hoffnungen und Handlungen auf diesem Gebiete waren rein, jede Leidenschaftlichkeit und jedes persönliche Interesse war ihm fern. Mit ruhiger Überlegung hatte er seine Wahl getroffen und mit derselben ruhigen Überlegung hat er seine politische Ansicht bis an sein seliges Ende festgehalten. Er ist deswegen vielfach angefeindet worden, aber es hat ihm nicht geschadet. ... Seine Mitbürger haben ihn trotzdem 1849 zum Stadtsprecher erwählt, und er hat diese Stelle zum Besten des Gemeinwesens der kleinen Vaterstadt über die sonst gebräuchliche Zeit von 6 Jahren hinaus bis zum Jahre 1858 in Sorgsamkeit und parteiloser Liebe bekleidet.«
Aus: Nekrolog auf Dr. Grischow, von Fritz Reuter, 1861.

Brief Fritz Reuters an Marie Peters, vom 29. März 1848 aus Stavenhagen. In diesem Brief berichtet Fritz Reuter über seine politische Betätigung in Stavenhagen und im Lande Mecklenburg. Autograph.

Der Güstrower Markt um 1840.
Vom 2. bis 17. April 1848 trafen sich 173 Deputierte der mecklenburgischen Reformvereine in Güstrow, um das Programm der antifeudalen Opposition auszuarbeiten. Aus Stavenhagen nahmen Dr. Grischow und Fritz Reuter teil.
In Güstrow schloß Reuter nähere Bekanntschaft mit Ernst Boll aus Neubrandenburg, Ludwig Reinhard aus Boizenburg und John Brinckman aus Goldberg. Stahlstich aus dem Verlag der Hof- und Steindruckerei Tiedemann zu Rostock.

Güstrower Deputiertenliste vom 17. April 1848.

13

Anlage.

Liste der Deputirten

zur

Versammlung der Mecklenburgischen Reformvereine
in Güstrow,

am 17. April 1848.

Bolten, Dr. jur., aus Rostock.
E. Krüger, Advocat, aus Rostock.
Türk, Professor, aus Rostock.
E. Brockelmann, Kaufmann, aus Rostock.
Lansemann sen., Hutfabrikant, aus Rostock.
Lange, Stuhlmacher, aus Rostock.
J. H. Sievers, Buchhändler, aus Wismar.
R. F. G. Wilhelm, Apotheker, aus Gadebusch.
J. W. Bobsin, Kaufmann, aus Gadebusch.
F. Reuter, Landmann, aus Stavenhagen.
Dr. Grischow, Apotheker, aus Stavenhagen.
A. Wulfleff, Bürgermeister, aus Sternberg.
Hesse, Dr. med., aus Sternberg.
Kranitzky, Stadtsecr., aus Laage.
C. Müller, Senator, aus Laage.
C. Bethmann, Färber, aus Laage.
A. M. Schmidt, Bäckermeister, aus Laage.
W. Hempel, Ackersmann, aus Gnoyen.
Hoffmann, Stadtsprecher, aus Gnoyen.
Müller, Dr. med., aus Stargard.
A. Lehmann, Müller, aus Altstrelitz.
C. Sievert, Pferdehändler, aus Altstrelitz.
C. Boll, Candidat, aus Neubrandenburg.
Th. Hückstaedt, Kaufmann, aus Fürstenberg.
C. Müller, Stadtrichter, aus Fürstenberg.

Ernst Boll (1817 bis 1868). Gehörte zu den Neubrandenburger Reformvereinsdeputierten in Güstrow. Er blieb auch nach 1848 seinen demokratischen Überzeugungen treu. Als Privatgelehrter war er Naturforscher, Geograph und Regionalhistoriker. Sein Hauptwerk ist die 1855/56 erschienene, zweibändige »Geschichte Mecklenburgs mit besonderer Berücksichtigung der Culturgeschichte«. Lichtbild, 1855.

Ludwig Reinhard (1805 bis 1877). Ludwig Reinhard war Rektor der Stadtschule in Boizenburg, gehörte 1848 zu den Güstrower Deputierten und wurde 1848 in die deutsche Nationalversammlung in Frankfurt a. M. gewählt. Wegen seiner demokratischen Gesinnung wurde er 1849 des Amtes enthoben. Ab 1851/52 lebte er im Hause des liberalen Gutsbesitzers Carl Müller, erst in Jessenitz, dann bis 1863 in Bolz. Mit Fritz Reuter verband ihn eine enge Freundschaft, die ihren Grund in der gleichen Gesinnung hatte. Lithographie von August Achilles, 1851.

John Brinckman (1814 bis 1870). Wie Reuter hat auch Brinckman in der achtundvierziger Bewegung eine Reform des alten Mecklenburg angestrebt, nicht in erster Linie als Tagespolitiker, sondern mit der Macht des literarischen Wortes, für das er – wie Reuter – in dieser Zeit die hochdeutsche Sprache verwendete. Lichtbild, 1860.

Der Marktplatz in Schwerin. Stahlstich von Poppel und Kurz nach einer Zeichnung von J. Gottheil, herausgegeben von B. S. Berendsohn, Hamburg (1855).

Schwerin von Zippendorf gesehen. Vom 28. April bis 30. Mai 1848 weilte Fritz Reuter als Vertreter des Stavenhagener Reformvereins in Schwerin, um den Verlauf des Außerordentlichen Landtages im Sinne des Fortschritts zu beeinflussen. Am 17. Mai 1848 wurde der reaktionäre Stände-Landtag aufgelöst.
Stahlstich von Poppel und Kurz nach einer Zeichnung von J. Gottheil, herausgegeben von B. S. Berendsohn, Hamburg (1855).

Folgende Seite:
Abgeordnete des Verfassunggebenden Landtages. Unter der Leitung des Präsidenten Moritz Wiggers, des Führers der mecklenburgischen Demokraten, erarbeitete der Verfassunggebende Landtag in Schwerin die neue Verfassung für Mecklenburg. Am 10. Oktober 1849 wurde sie als Staatsgrundgesetz verabschiedet. – Reaktionäre Kräfte brachten diese Verfassung am 14. September 1850 zu Fall und führte den Landesgrundgesetzlichen Erbvergleich von 1755 wieder als geltendes Recht ein.
Fritz Reuter kommentiert enttäuscht: »Sei hewwen 't bi'n Ollen bliwen laten.«
Lithographie nach Zeichnungen von F. Weiß und W. Ewers, gedruckt von Charles Fuchs in Hamburg.

Eigenthum & Verlag der C. Kürschner'schen Buchhandlung in Schwerin.
1. M. Wiggers Rostock
2. Otto Grabow.
3. Kloſs Rostock
4. Wilbrandt Rostock
5. v. Ruſsdorf Rederank
6. v. Liebeherr Schwerin
7. v. Dewitz Miltzow.
8. Schwarz Ludwigslust.
9. Petermann Strelitz
10. Wenzlaff Schwerin.
11. Spangenberg Güstrow.
12. Pohle Schwerin
13. Soltau Schwerin
14. Raaber Hagenow.
15. Meyer Malchow.
16. Napp Penzlin.
17. Lehmann Domjüch.
18. Roloff Mirow

8.
Privatlehrer
und Gelegenheitsdichter
in Treptow a. Toll.

Markt in Treptow a. Toll.
Lichtbild.

Treptow an der Tollense. Im April 1850 ließ sich Fritz Reuter als Privatlehrer, vorwiegend für Zeichnen und Turnen, in der vorpommerschen Kleinstadt Treptow nieder.
Lithographie von H. Mützel nach einer Zeichnung von K. Medow, um 1850.

»Ein kurzes Wort über die Notwendigkeit des Turnunterrichts für die Jugend.« Von Fritz Reuter. – »Das Turnen ist ein fröhliches Spiel, ein rüstiges Ringen, die gesunden Kräfte frei zu machen von den Fesseln einer erdrückenden und entnervenden Zivilisation, eine Vorübung zum Ertragen von Gefahren und Entbehrungen, eine reiche Schule und eine reine Freude der Geselligkeit, ein übersprudelnder Born reiner Jugendlust und frischer Jugendkraft und eine schuld- und reuelose Erinnerung für das Alter.« Aus »Reuter-Kalender auf das Jahr 1912«.

Reuters erste Wohnung in Treptow a. Toll. bei Rendant Flos in der Oberbaustraße (heute Ernst-Thälmann-Straße) 59, 1850/51. Lichtbild.

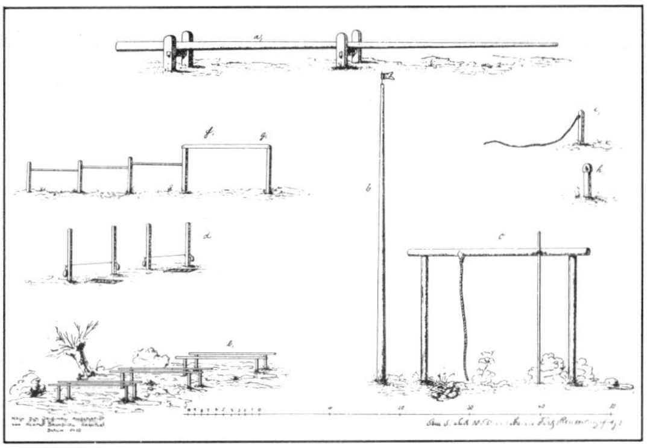

Treptower Turnplatz, eingerichtet von Fritz Reuter. Zeitgenössisches Lichtbild.

Turngeräte, die Fritz Reuter im Juli 1850 entworfen hat. Nach dieser Vorlage hat Fritz Reuter die Turngeräte bauen und aufstellen lassen.
Zeichnung von Fritz Reuter.

Pfarrhof in Roggenstorf bei Grevesmühlen. Im Pfarrhaus verlebte Luise Kuntze als Tochter des Pastors Wilhelm Kuntze ihre Kindheit und Jugendzeit. In der Roggenstorfer Kirche wurden Fritz Reuter und Luise Kuntze am 16. Juni 1851 getraut.
Ölgemälde von C. Birckenstaedt, 1859.

Trauschein von Fritz und Luise Reuter, ausgestellt in Roggenstorf am 30. Juni 1851 von Pastor Kuntze.

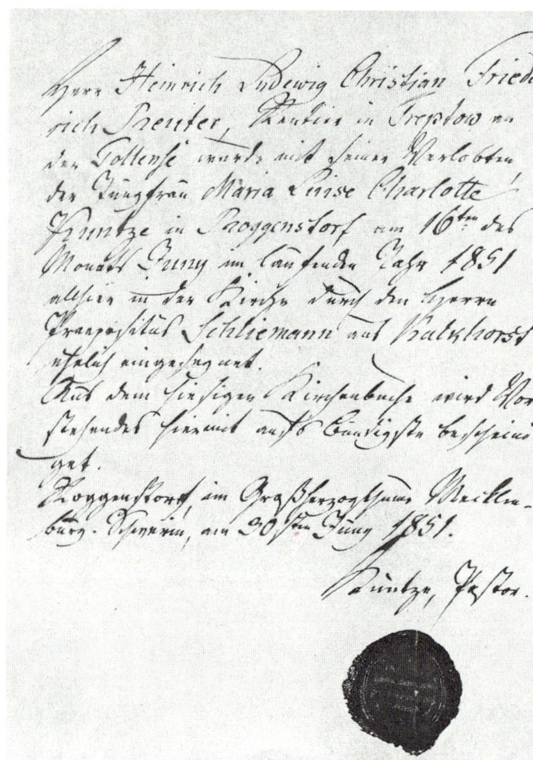

Herr Heinrich Ludewig Christian Friedrich Reuter, Rentier in Treptow an der Tollense wurde mit seiner Verlobten der Jungfrau Maria Luise Charlotte Kuntze in Roggenstorf am 16ten des Monats Juny im laufenden Jahr 1851 allhier in der Kirche durch den Herrn Präpositus Schliemann aus Kalkhorst ehelich eingesegnet.
Aus dem hiesigen Kirchenbuche wird Vorstehendes hiermit auf's Bündigste bescheinigt.
Roggenstorf im Großherzogthum Mecklenburg-Schwerin, am 30sten Juny 1851.
Kuntze, Pastor.

Friedrich Kuntze, Bruder von Reuters Frau. Wanderte 1852 ebenfalls nach Australien aus. Kreidezeichnung von Fritz Reuter, 1852.

Carl Kuntze, Bruder von Reuters Frau. Wanderte 1852 nach Australien aus. Kreidezeichnung von Fritz Reuter, 1852.

Reuters zweite Wohnung in Treptow a. Toll. bei Färber Mentz in der Demminer Straße (heute Clara-Zetkin-Straße) 12. Hier wohnte das Ehepaar Reuter von 1851 bis 1856. Lichtbild.

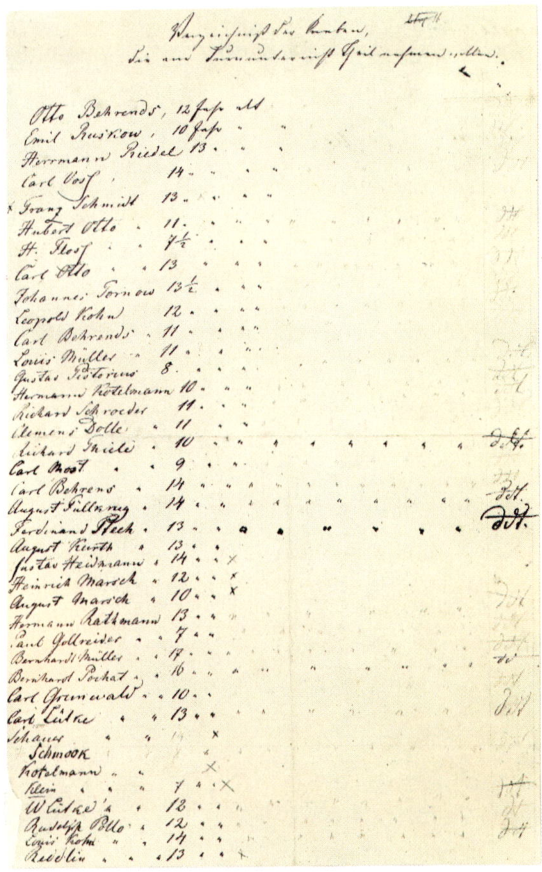

Otto Behrends, 12 Jahr alt
Emil Buskow, 10 Jahr
Herrmann Riedel 13
Carl Voss 14
Franz Schmidt 13
Hubert Otto 11
H. Voss 7½
Carl Otto 13
Johannes Tornow 13½
Leopold Kohn 12
Carl Behrends 11
Louis Müller 11
Gustav Pistorius 8
Hermann Kotelmann 10
Richard Schroeder 11
Clemens Dolle 11
Richard Thiele 10
Carl [illegible] 9
Carl Behrens 14
August [illegible] 14
Ferdinand Stech 13
August [illegible] 13
Gustav Heidmann 14
Heinrich Marsch 12
August Marsch 10
Hermann Rathmann 13
Paul [illegible] 7
Bernhardt Müller 17
Bernhard Pochat 16
Carl Grunewald 10
Carl Lütke 13
Johannes Schmook
Kotelmann
Klein 7
[illegible] 12
Rudolph [illegible] 12
Louis Kohn 14
[illegible] 13

Verzeichnis der Privatschüler Fritz Reuters. Autograph.

Zeugnis für Elwine Mensing aus Treptow a. Toll., ausgestellt von Fritz Reuter am 3. November 1855. Autograph.

Schüler Carl Otto.
Pastellbildnis von Fritz Reuter, 1851.

Schüler Bernhard Müller. Pastellbildnis von Fritz Reuter, 1851.

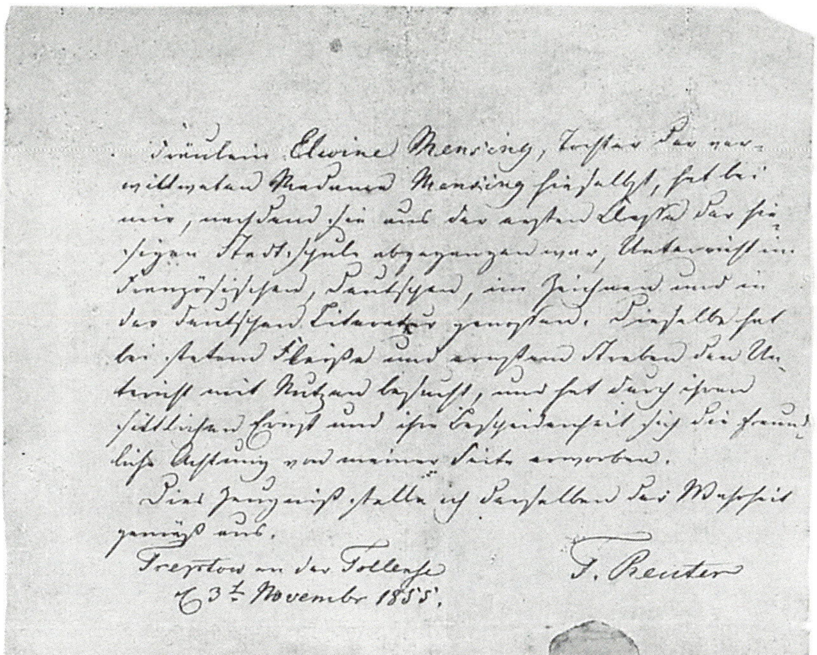

Fräulein Elwine Mensing, Tochter der verwittweten Madame Mensing hieselbst, hat bei mir, nachdem sie aus der ersten Classe der hiesigen Stadtschule abgegangen war, Unterricht im Französischen, Deutschen, im Zeichnen und in der deutschen Literatur genossen. Dieselbe hat bei stetem Fleiße und ernstem Streben den Unterricht mit Nutzen besucht, und hat durch ihren sittlichen Ernst und ihre Bescheidenheit sich die freundliche Achtung von meiner Seite erworben.

Dies Zeugniß stelle ich derselben der Wahrheit gemäß aus.

Treptow an der Tollense
d. 3t. November 1855.

F. Reuter

Reuters Freundeskreis im Tollensetal (das »Zwölfapostelbild«).
Obere Reihe von links nach rechts:
Oberamtmann Schönermarck, Kessin; Hilgendorf, Klein Tetzleben; Dr. med. Dolle, Treptow;
2. Reihe von links nach rechts: Kaibel, Treptow; Justizrat Schröder, Treptow; Rittmeister Blümcke, Mühlenhagen;
3. Reihe von links nach rechts: Oberförster Träbert, Golchen; Oberamtmann Wüstenberg, Burow; Dr. med. Adam, Treptow; Oberamtmann Berlin, Klempenow; Pastor Piper, Groß Tetzleben;
4. Reihe: Heydemann, Schossow.
Lithographie von Schambacher nach einer Zeichnung von Kreyher.

Fritz Triddelfitz als Landwirtschaftseleve beim Eiersammeln und Hüten des Federviehs, von Fritz Reuter auf das Einmaleins hingewiesen.
Bleistiftzeichnung von Fritz Reuter (aus der Treptower Zeit).

Fritz Triddelfitz als vermögender Gutsbesitzer, von Fritz Reuter devot auf dem Bahnhof begrüßt.
Bleistiftzeichnung von Fritz Reuter (aus der Treptower Zeit).

Fritz Reuter in Treptow an der Tollense. Lichtbild.

» … ick treckte den Schaulmeister sinen Rock an, un was hei ok eng, so höl hei mi doch Wind un Weder von 'n Liw', un wenn ick ok johrelang de Stun'n tau twei Gröschen gewen müßt, heww ick mi in em doch gaud naug gefollen; un hadd ick för den Herrn Paster ok kein Schriweri tau besorgen, denn schrew ick des Abends ›Läuschen un Rimels‹, un dat würd min Tüftenland, un uns' Herrgott hett doräwer jo sine Sünn schinen laten un Dau un Regen nich wehrt – un de dümmsten Lüd' bugen de meisten Tüften.« Aus »Ut mine Festungstid«. Schlußsätze.

Justizrat Ludwig Schröder (1802 bis 1869). Enger Freund Fritz Reuters aus der Treptower Zeit, der die Veröffentlichung von Reuters »Läuschen un Rimels« förderte und finanzierte. Lichtbild.

»Meine Gedichte sind nicht wie vornehmer Leute Kinder mit kleinen Ohren und aristokratischen Händen, geschnürter Taille und zartem Teint in die Welt gesendet worden, die allenthalben rücksichtsvolle Aufnahme finden und sich dafür mit gesetzten, zierlichen Worten bedanken. Nein! sie sind oder sollen sein eine Kongregation kleiner Straßenjungen, die in ›roher

Fritz Peters (1819 bis 1897).
Ihm hat Reuter die »Läuschen« mit folgenden Worten gewidmet: »Seinem besten Freunde Fritz Peters widmet die nachfolgenden Blätter zum Andenken an frohverlebte Stunden, der Verfasser«.
Lichtbild, um 1855.

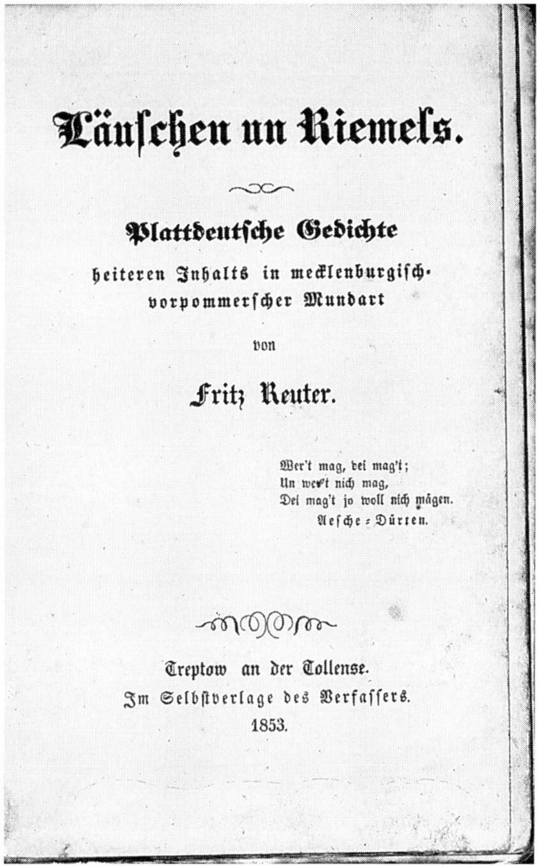

Läuschen un Riemels.

Plattdeutsche Gedichte
heiteren Inhalts in mecklenburgisch-
vorpommerscher Mundart
von
Fritz Reuter.

Wer't mag, dei mag't;
Un wer't nich mag,
Dei mag't jo woll nich mägen.
Aesche-Dürten.

Treptow an der Tollense.
Im Selbstverlage des Verfassers.
1853.

Titelseite der Erstausgabe von Reuters »Läuschen un Rimels«, 1853.

Gesundheit‹ lustig übereinander purzeln, unbekümmert um ästhetische Situationen, die fröhlichen Angesichts unter Flachshaaren hervorlachen und sich zuweilen mit der Torheit der Welt einen Scherz erlauben. Der Schauplatz ihrer Lust ist nicht das gebohnte Parkett fürstlicher Salons; nicht der farbenglühende Teppich zierlicher Boudoirs; ihre Welt ist der offene Markt, die staubige Heerstraße des Lebens, dort treiben sie sich umher, jagen und haschen sich, treten ernst umherstolzierenden Leuten auf die Zehen, rufen dem heimwärtsziehenden Bauern ein Scherzwort zu, verspotten den Büttel, ziehen dem Herrn Amtmann ein schiefes Maul und vergessen die Mütze vor dem Herrn Pastor zu ziehen.«
Aus der Vorrede zur Erstausgabe der »Läuschen un Rimels«.

De nige Paleto. Illustration zu »Läuschen un Rimels« von Theodor Schloepke, der 1859/60 im Auftrage des Verlegers D.C.Hinstorff zwanzig Bilder zu Reuters Gedichten anfertigte. Lavierte Federzeichnung, 1860.

De Koppweihdag. Illustration zu »Läuschen un Rimels« von Fritz Koch-Gotha. Federzeichnung, 1935.

De Wedd. Illustration zu »Läuschen un Rimels« von Carl Hacker, der 1876/77 zehn Farbblätter zu den »Läuschen« schuf, die durch Hinstorff in einer Mappe verlegt worden sind. Farbdruck, 1877.

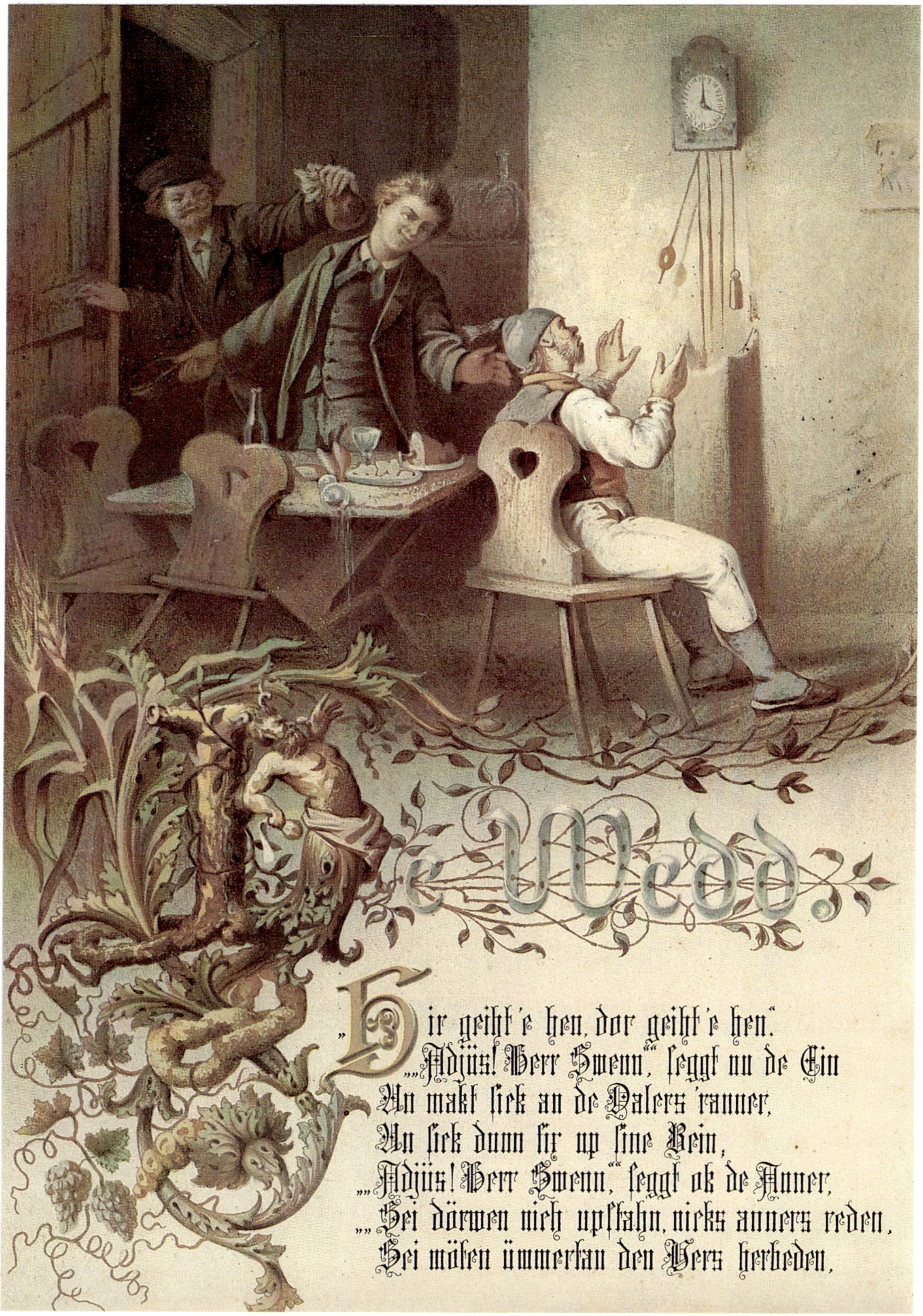

De Wedd.

„Hir geiht 'e hen, dor geiht 'e hen."
„„Adjüs! Herr Swenn"", seggt nu de Ein
Un makt sick an de Dalers 'ranner,
Un sick dunn fix up sine Bein,
„„Adjüs! Herr Swenn"", seggt ok de Anner,
„„Sei dörwen nich upstahn, nicks anners reden,
Sei möten ümmertau den Vers herbeden.

Wat wull de Kirl? Illustration zu »Läuschen un Rimels« von Heinz Bormann, der 1961 eine »Läuschen«-Ausgabe des Hinstorff Verlages Rostock reich illustrierte. Federtuschzeichnung, 1961.

Die schlafenden Bauern. Illustration zu »De Reis' nah Belligen«. Holzschnitt nach einer Zeichnung von Hermann Lüders, 1872.

Folgender Plan Reuters blieb unausgeführt: *»Aus der ›Reis' nah Belligen‹ … denke ich durch vollständige Umarbeitung etwas Besseres zu machen; so, wie sie jetzt ist, ist sie auf einzelnen Stellen langweilig, auf andern zu roh und in ihrer Komik zu derbe.«*
Brief Reuters an Julian Schmidt, vom 20. März 1861 aus Neubrandenburg.

Mutter Swartsch und Kösters Dürt. Illustration zu »De Reis' nah Belligen«. Holzschnitt nach einer Zeichnung von Hermann Lüders, 1872.

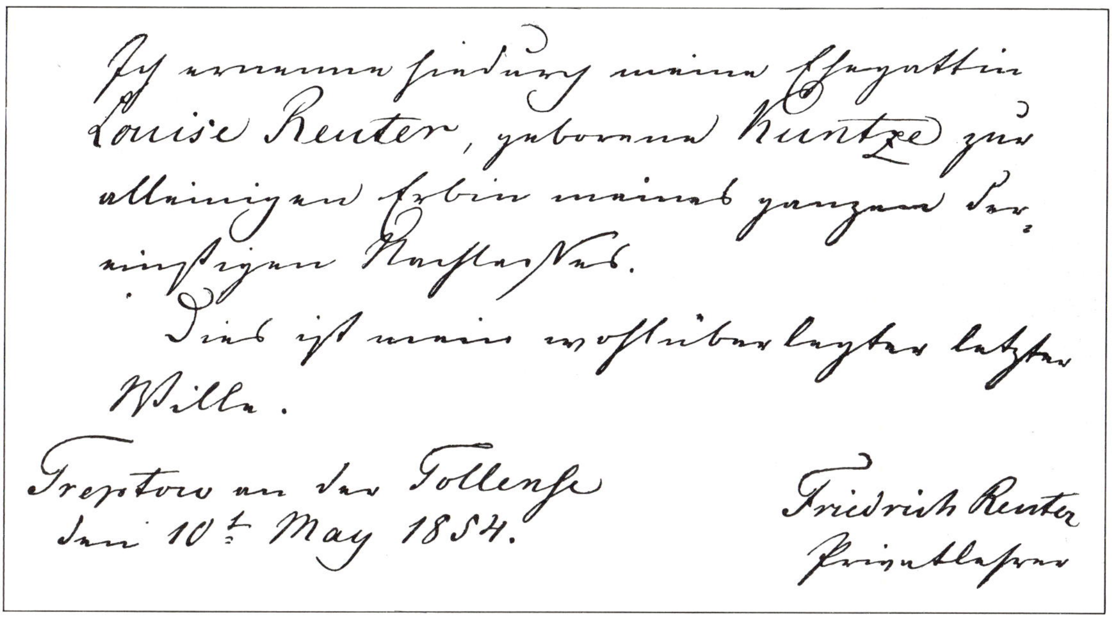
Ich ernenne hierdurch meine Ehegattin
Louise Reuter, geborne Kuntze zur
alleinigen Erbin meines ganzen der-
einstigen Nachlasses.
Dies ist mein wohlüberlegter letzter
Wille.
Treptow an der Tollense
den 10t May 1854.
Friedrich Reuter
Privatlehrer

Fritz Reuters erstes Testament, vom 10. Mai 1854.

Unterhaltungsblatt

Bestellungen nehmen alle Post-Anstalten des In- und Auslandes an; in Neubrandenburg die C. Lingnau'sche Verlagsbuchhandlung und in Neustrelitz die G. Barnewitz'sche Hofbuchhandlung.

Erscheint wöchentlich 1 Mal des Sonntags. Preis für Mecklenburg-Strelitz 16 ßl., für Mecklenburg-Schwerin 18 ßl. Pr. Cour. und für Preußen 15 Sgr. inclusive Postaufschlag und Steuer pro Quartal.

für beide Mecklenburg und Pommern.

Redigirt von Fritz Reuter.

№ 6. Neubrandenburg, den 6. Mai. 1855.

Skizzen aus der alten Zeit.

I. Meine Vaterstadt Stavenhagen.

(Fortsetzung.)

Ist die Abentheuerlichkeit und das Raffinement, mit welchem man jetzt Geld zu verdienen sucht, groß, so ist die Schnelligkeit, mit der man es verdient, gegen früher gehalten, wirklich zauberähnlich. — Da sitze ich neulich bei einer alten Freundin, die einen blühenden Bierschank hat, und trinke mein Seidel. Meine Freundin ist durchaus nicht feuchter, lymphatischer Natur, sondern hat ein mehr merkurialisches Temperament — ich will nur wünschen, daß dies Blatt ihr nicht in die Hände kommt — und deßhalb mußte ich mich wundern, sie gegen ihre sonstige redselige Weise still in einer Ecke sitzen zu sehn. Mit einem Male springt sie auf, schlägt jubelnd in die Hände und ruft: „All werre hunnert Dahle vedeint!" — „„Freundin"", sag' ich, „„theure Freundin, das geht ja rasch!"" — „Ja seihn S', mien Rekuung is so: buug ick dei Oelmähl, denn kost't mi dat so un so vähl, un inbringen deiht sei mi so un so vähl; buug ick sei nich, denn spoar ick hunnert Dahle. Also! Hunnert Dahler vedeint! Blos dörch't Reken! Denn ick war kein Nahr sien un 'ne Oelmähl buugen."

Die in den geographischen Lehrbüchern gewöhnliche stehende Rubrik: „Fabriken" müssen wir überschlagen, wir müßten denn die ausgedehnte Leinweberei dazu rechnen, die in der sogenannten „Gatz" betrieben wurde. Vom Morgen bis zum Abend klappte hier in jedem Hause die Lade, saus'te das Weberschifflein, und die bleichen Sclaven dieses seitdem immer mehr mit dem Fluche beladenen Gewerbes machten es mir möglich, mir im Kleinen eine Vorstellung von der Größe des Elends in Fabrikstädten und Fabrikdistricten zu bilden. Die Gewerbe beschäftigten sich nur mit dem gewöhnlichen täglichen Verbrauche und die von diesem vorzugsweise in Anspruch genommenen der Fleischer und Bäcker florirten am meisten. Unter ihnen gab ich entschieden dem der Bäcker den Vorzug und der alte, wohlbeleibte Bäcker Witt mit seinem hintenübergekämmten, von einem Messingkamm festgehaltenen Haare erschien mir, wenn er unter den mannigfachen duftenden Gebilden seiner Thätigkeit, unter Kringeln, Zwieback, Herrenbrodt, Kümmelbrodt und Kaffeekuchen saß, als ein König des guten Geschmacks. Vor Allem waren es die beiden zuletzt genannten Producte, die er in unübertroffener Vollkommenheit lieferte und täglich wurden in unserm Hause seine Verdienste um diese beiden Artikel anerkannt, indem mein Vater sich entschieden für die Vortrefflichkeit der Kümmelbrodte, meine Mutter für die des Kaffeekuchens erklärte, welcher Erklärung ich mich gerne praktisch anzuschließen pflegte und dieselbe durch die Vertilgung eines zugemessenen Antheils beglaubigte. In der Richtung des Geschmacks, wie in der der Politik hängen wir mehr von äußern Umständen ab, als wir glauben. Ich, der warme Anhänger des Wittschen Semmelschranks wäre vielleicht zum verrätherischen tückischen Ueberläufer und Apostaten geworden, wäre ein unbesonnener Mensch auf den Einfall gerathen, in meiner Vaterstadt einen Conditorladen zu errichten. Gott! sei Dank! — ich stoße diesen Dankseufzer in Anbetracht meiner guten Gesundheit aus — Gott sei Dank! es etablirte sich kein solcher Venusberg für die Kinder und ich wandelte nicht als ein jugendlicher Tannhäuser verzaubert drin herum. Die ersten Begriffe von Bonbons erhielt ich ziemlich spät durch eine großmütterliche Weihnachtssendung und ich erinnere mich noch sehr genau, daß es ernste Kämpfe mit meinem Vater setzte, als mir von meiner Tante Line ein Marzipanherz überantwortet wurde. Zuweilen kamen denn solche Geschenke an's Haus, und unter diesen Lichtpuncten der Kinderjahre erinnere ich mich noch ganz genau eines schönen Morgens, an welchem eine blaubeklebte Pappschachtel geöffnet wurde, die mit Gelegenheit aus Dömitz von meiner Tante angekommen war — man denke: sechszehn mecklenburgische Meilen mit Gelegenheit! — und eine Abschrift des „Kaisers und Abtes von Bürger", in seinem größeren Raume aber Zuckerkringel von dem größten Backkünstler in Dömitz, vom Bäckermeister Best, enthielt. „Der Kaiser und der Abt" war bei dem schrecklichen Gelegenheitstransport heil geblieben, die Zuckerkringel waren alle glücklicherweise zerbrochen; ich sage: glücklicherweise; denn wären dieselben in unverletzter Gestalt angekommen, so würde einem Jeden von uns zur Verhütung von Magenbeschwerden ein Zuckerkringel in bescheidener Einsamkeit in die Hand gedrückt worden sein und damit basta! So aber konnten uns die Bruchstücke nicht nachgerechnet werden und wir bekamen reichlich zwei. Nur an Jahrmärkten zogen Bonbon-Könige und Kuchen-Prinzessinnen in die väterlichen Thore, wohlgekannt von uns. — „Corl Hagemeiste, kiek, dat is dei, dei ümme an dei Apteike-Eck steiht!" — „„Kiek, doa kümmt dei, dei vergangen Harvstmark den groten Honigkauken hahr, so grot, as en Grotbrodt!"" — „Süh doa is Christlieb ut Bramborg!" — Das war das glänzendste Meteor, das an meinem Kinderhimmel in leuchtender Pracht aufgestiegen war; Conditor Christlieb in Brandenburg hat Jahrelang meine Phantasie mit Honigkuchen und gebrannten Mandeln gefüttert, und wenn jemals ein tiefaufregender Wunsch in meinem Herzen geherrscht hat, so war es der: gleich dem Conditor Christlieb tagelang hinter so einem reizbeladenen Tische zu stehen und den großen Baumkuchen zu bewachen, der als Tafelstück die Mitte zierte. Mein Vater predigte stets gegen Kuchen

Das »Unterhaltungsblatt für beide Mecklenburg und Pommern« gab Fritz Reuter vom 1. April 1855 bis zum 30. März 1856 heraus. In dieser Wochenzeitschrift, die nur etwa 400 Abonnenten hatte, veröffentlichte Reuter u.a. »Meine Vaterstadt Stavenhagen«, »Haunefiken«, »Eine heitere Episode aus einer traurigen Zeit« und manches Gedicht von Alwine Wuthenow.

Alwine Wuthenow (1820 bis 1908). Ehefrau von Ferdinand Wuthenow, dem Leidensgenossen Reuters aus der Silberberger Festungszeit. Alwine Wuthenow schrieb tiefempfundene plattdeutsche Lyrik, die von Fritz Reuter unter dem Titel »En poa Blomen ut Annmariek Schulten ehren Goahrn von A.W.« 1858 herausgegeben worden ist. Lichtbild.

Titelseite der Erstausgabe von Alwine Wuthenows »En poa Blomen ...«.

»Auf der Dichterin ruht schon seit Jahren die dunkle Nacht einer Krankheit, die sie fern hält von ihrem an häuslichem Segen reichen Kreise und sie außer Stand setzt, den Pflichten als Gattin und Mutter zu genügen. Ihre Seele ist stunden- und tagelang von den quälendsten Vorstellungen beunruhigt, … weshalb sie denn auch schon jahrelang in einer Heilanstalt unter den Händen eines geschickten Arztes sich befindet …
Den qualfreien, lichten Momenten hat das Publikum diese Gedichte zu verdanken, die … in ihrer Frische Zeugnis ablegen werden für die ursprüngliche Innigkeit und Kraft eines Geistes, der selbst unter so unsäglichem Leid den erheiternden Blick in das Verständnis der Natur und des Menschenlebens sich offen zu halten wußte.«
Aus der von Fritz Reuter geschriebenen Vorrede zu »En poa Blomen …«.

En

poa Blomen

ut

Annmariek Schulten

ehren Goahren

von

A. W.

Herausgegeben

von

Fritz Reuter.

Greifswald und Leipzig.
C. A. Koch's Verlagshandlung, Th. Kunike.
1858.

241

3. Einem geehrten Publikum mache ich hiedurch die ergebene Anzeige, daß ich meine frühere

Buchdruckerei

jetzt wieder selbst übernommen habe, selbe, verbunden mit einer

Lithographischen Anstalt und Steindruckerei,

auf eigene Rechnung fortführen werde, und Drucksachen aller und jeder Art zu liefern im Stande bin. Ich erlaube mir beide Geschäfte dem geehrten Publikum und besonders meinen früheren Gönnern und Geschäftsfreunden aufs Neue zu empfehlen und werde sowol durch prompte und gute Drucklieferungen, als reelle Preise bemühet sein, mir das frühere Wohlwollen wieder zu erwerben. — Beide Geschäfte befinden sich in meinem Hause, Thurmstraße Nr. 311.
Neubrandenburg, Ostern 1856.

C. Hoepfner, Hofbuchdrucker.

4. **Viertes und letztes**

Abonnements = Concert

von

Johannes Schondorf

am Freitag, den **4. April,**

im Saale des Gastwirths Hrn. Lorenz.

Nach dem Concerte wird getanzt. — Das Nähere wird das Programm enthalten.

5. Auf meiner Ziegelei und Steinkalkbrennerei bei Strelitz ist von jetzt ab stets frischer

Rüdersdorfer Steinkalk

vorräthig, welchen ich hiermit bestens empfehle.
Strelitz, den 25. März 1856.

C. H. Schumann.

6. Eine Oberwohnung, Sonnenseite, bestehend aus zwei Stuben, Küche, Kammer, Keller, Holz- und Torfgelaß ist zu Michaelis zu vermiethen beim Schuhmachermstr. **Carl Reichert** in Neubrandenburg.

7. Allen meinen Bekannten, so wie auch meinen Herrn Geschäftsfreunden mache ich die ergebenste Anzeige, daß ich vom 2. April d. J. ab, meinen Aufenthalt in Neubrandenburg nehmen werde. F. Reuter.

8. Neuen **Schlesischen rothen** und **weißen Kleesaamen, Steinklee** in und ohne Hülsen, **Thimothee** und **Kümmel** empfehle ich in bester keimkräftiger Waare.

P. J. Nahmmacher
in Neubrandenburg.

7. Allen meinen Bekannten, so wie auch meinen Herrn Geschäftsfreunden mache ich die ergebenste Anzeige, daß ich vom 2. April d. J. ab, meinen Aufenthalt in Neubrandenburg nehmen werde. F. Reuter.

Übersiedlungsannonce Fritz Reuters aus der »Mecklenburgischen Landwirtschaftlichen Zeitung«, Neubrandenburg, Nr. 23, vom 29. März 1856.

Folgende Seite: Fritz Reuter. Lichtbild, um 1855/56.

9.
Freier Schriftsteller in Neubrandenburg 1856 bis 1863

Neubrandenburg.
Mit seiner Übersiedlung nach Neubrandenburg am 2. April 1856 wurde Fritz Reuter freier Schriftsteller und schrieb hier unter dem fördernden Einfluß der umfassend gebildeten Brüder Ernst und Franz Boll bedeutende Werke der niederdeutschen Literatur. Stahlstich von Poppel und Kurz nach Zeichnung von J. Gottheil, herausgegeben von B. S. Berendsohn, Hamburg (1855).

»Oh, hier in Neubrandenburg sieht 's herrlich aus, und rechnen Sie Ihr Schweriner Schloß ab und die Freuden einer größeren Stadt, dann tauschen wir nicht mit den Schwerinern, so köstlich ist hier die Natur, so freundlich unser Städtchen. Dies hat mich denn auch hierhergezogen, und, gottlob! der früher hinter Schloß und Riegel saß, ist jetzt frei wie der Vogel, er kann singen, wo er will, und ziehen, wohin er will. Dazu hat mir Gott eine Frau nach meinem Herzen gegeben, die mir mein Leben leicht und freundlich macht, und – wenn wir leider auch kinderlos sind – doch dafür gesorgt, daß meine bescheidene Häuslichkeit eines innigen Familienlebens nicht entbehrt.« Brief Reuters an die Schwestern von Bülow, vom 14. Dezember 1857.

Fritz Reuter in Neubrandenburg. Lichtbild, um 1857.

Das Friedländer Tor in Neubrandenburg. Stahlstich von Poppel und Kurz nach Zeichnung von J. Gottheil, herausgegeben von B. S. Berendsohn, Hamburg (1855).

Reuters erste Wohnung
in Neubrandenburg beim
Tischlermeister Willebrandt,
Marienkirchplatz 8. Hier wohnte das
Ehepaar Reuter von 1856 bis 1859.
Lichtbild, um 1870.

Titelseite der Erstausgabe von »Kein
Hüsung«.

Kein Hüsung.

Von

Fritz Reuter.

Greifswald und Leipzig.
C. A. Koch's Verlagshandlung, Th. Kunike.
1858

Über ihre erste Wohnung in Neubrandenburg schrieb Luise Reuter an Marie Peters Anfang April 1856: *»Könnte ich doch malen, was ich Dir so gern vor Augen führen möchte! – den Eintritt in unsere Wohnung und was sich daselbst begab … Ermiß meinen Schrecken, als ich, vorauseilend, die mit Stroh und Schmutz aller Art dekorierte Treppe erstiegen! Der Witterung angemessen, starrten einem die weit geöffneten Flurfenster wie zum Willkommen entgegen – schauerlich! Das Feuer brannte eben im Ofen, fingerdicker Staub überall. … Das Weinen stand mir näher als das Lachen.«*
Reuter-Kalender auf das Jahr 1908, S. 31.

Fritz Reuter hingegen meinte:
*»Was mich persönlich angeht, so bin ich gesund und befinde mich an meinem neuen Wohnort ganz wohl …
und beschäftige mich jetzt wieder mit der freien Schriftstellerei.«*
Brief Reuters an Ferdinand Wuthenow, vom 3. Juli 1856 aus Neubrandenburg.

Abschied mecklenburgischer Auswanderer.
Mit dem Los mecklenburgischer Tagelöhner, die im Junkerland Mecklenburg oft weder Arbeit noch Wohnung noch Heimatrecht erhielten und auswandern mußten, beschäftigte sich Fritz Reuter in seiner Sozialdichtung »Kein Hüsung«, dem »Ergebnis einer lang genährten Idee, eines tief empfundenen Mitgefühls«.
(Brief Reuters an Th. Kunicke, vom 22. Dezember 1856).
Lavierte Federzeichnung von Rudolf Suhrlandt, Schwerin.

Die Brüder Ernst und Franz Boll verfügten über eine ausgeprägte historisch-kritische, vor allem antifeudale Grundhaltung. Auf Fritz Reuter übten sie einen außerordentlich positiven Einfluß aus, und ohne sie und ihre sozialkritische Geschichtsauffassung wäre ein Buch wie »Kein Hüsung« nicht denkbar.

Ernst Boll (1817 bis 1868).
Einflußreicher Ratgeber und Freund Reuters. Bleistiftzeichnung von Theodor Schloepke, 1860.

Franz Boll (1805 bis 1875).
Von 1836 bis 1875 war er Pastor an St. Johannes in Neubrandenburg. Neben seinem Bruder Ernst Boll gehörte er zu den führenden Geschichtsschreibern Mecklenburgs. Mit Reuter verband ihn eine enge Freundschaft.
Lichtbild, um 1855.

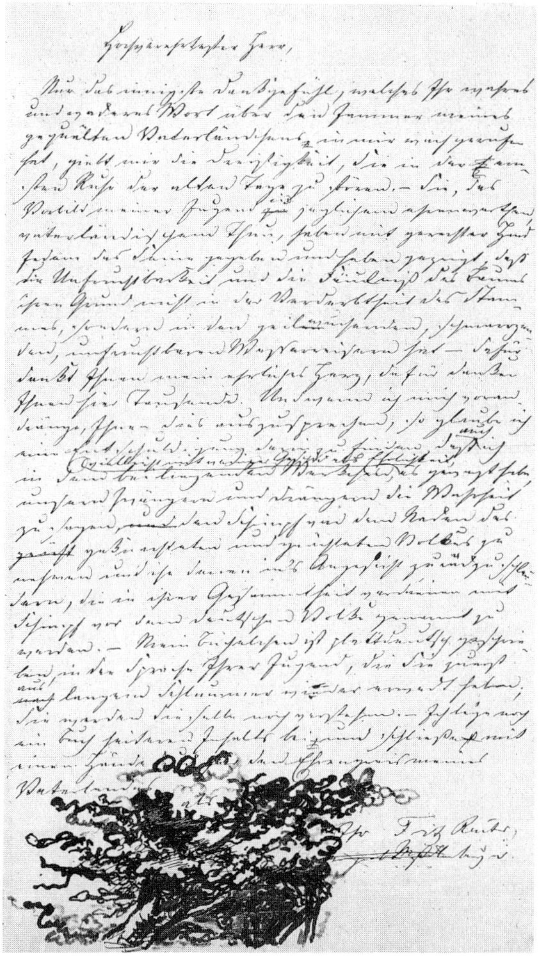

Briefentwurf Fritz Reuters an Ernst Moritz Arndt.
Autograph.

Ernst Moritz Arndt (1769 bis 1860).
Unter dem Einfluß von Ernst Moritz Arndt, den Reuter das Vorbild seiner Jugend nannte, reifte in Fritz Reuter die Idee, sich der sozialen Frage der Heimat, der »Kein Hüsung«-Thematik, literarisch zuzuwenden.
Stich nach einem Gemälde von Wilhelm Kray, 1859.

An Arndt schreibt Reuter, daß er es mit »Kein Hüsung« gewagt habe, *»unsern Zwängern und Drängern die Wahrheit zu sagen, den Schimpf von dem Nacken des geknechteten und geächteten Volkes zu nehmen und ihn denen ins Angesicht zurückzuschleudern, die in ihrer Gesamtheit verdienen, mit Schimpf vor dem deutschen Volke genannt zu werden.«*
Brief Reuters an E. M. Arndt, undatiert.

Johann Schütt rettet das Kind der Müllersfrau aus der brennenden Mühle. Illustration zu »Kein Hüsung«, nach einem Gemälde von Conrad Beckmann, 1879.

Johann Schütt, der getötete Junker und Oll Daniel. Illustration zu »Kein Hüsung«. Holzschnitt nach einer Zeichnung von Hermann Lüders, 1872.

Johann Schütt bittet den Junker um Hüsung und Heiratserlaubnis. Illustration zu »Kein Hüsung«. Getönte Zeichnung von Hans Stubenrauch, 1901.

Trauer um Mariken. Illustration zu »Kein Hüsung«. Federzeichnung von Fritz Koch-Gotha, 1935.

Johann Schütt wandert aus und verflucht sein Vaterland. Illustration zu »Kein Hüsung«.
Holzstich von Werner Schinko, 1960.

Robert Prutz (1816 bis 1872).
Er war der erste Literaturkritiker, der in einer überregionalen Zeitschrift, und zwar im »Deutschen Museum« von 1857, auf den Seiten 696 bis 698, eine Würdigung Reuters veröffentlichte, worin er die Leistung Fritz Reuters, nicht zuletzt auch wegen der Sozialdichtung »Kein Hüsung«, über die des Holsteiners Klaus Groth stellte.
Diese Rezension gab den Anlaß zur Auseinandersetzung zwischen Klaus Groth und Fritz Reuter.
Stahlstich von Weger und Pinger.

Titelseite der 56 Druckseiten umfassenden Verteidigungsschrift Reuters von 1858 gegen Klaus Groths »unwahre Behauptungen«.

»Herr Dr. Klaus Groth, ... die Waffen, die Sie gegen mich gebrauchen, hat meines Wissens in der ganzen deutschen Literatur noch keiner gebraucht; und hätte sie einer gebraucht, sie wären ihm von jedem Ehrenmanne zerknickt vor die Füße geworfen. Sie werfen mir Gemeinheit und Roheit vor? Ich schleudere sie Ihnen zurück in Ihr Angesicht und Ihr Gewissen! ... Wir sind miteinander fertig, Herr Dr. Klaus Groth! ... Nie, weder schriftlich noch mündlich, selbst nicht zu den vertrautesten Freunden, habe ich mich nachteilig über den ›Quickborn‹ und dessen Verfasser geäußert, und obgleich ich das Gefühl hatte, wir würden nie miteinander gehen, so hoffte ich doch, wir würden friedlich nebeneinander gehen können, das hat nicht sein sollen.«
Aus »Abweisung der ungerechten Angriffe ...« von Fritz Reuter.

Klaus Groth (1819 bis 1899). Als Dichter des plattdeutschen »Quickborn« erlangte Groth nationale Bedeutung. Reuters »Läuschen«-Dichtung schätzte er sehr gering und kritisierte sie heftig. Reuter verfaßte eine Verteidigungsschrift, in der er seinem Kontrahenten scharf und unmißverständlich widersprach und die eigene literarische Verfahrensweise rechtfertigte. Stahlstich von A. Weger, 1856.

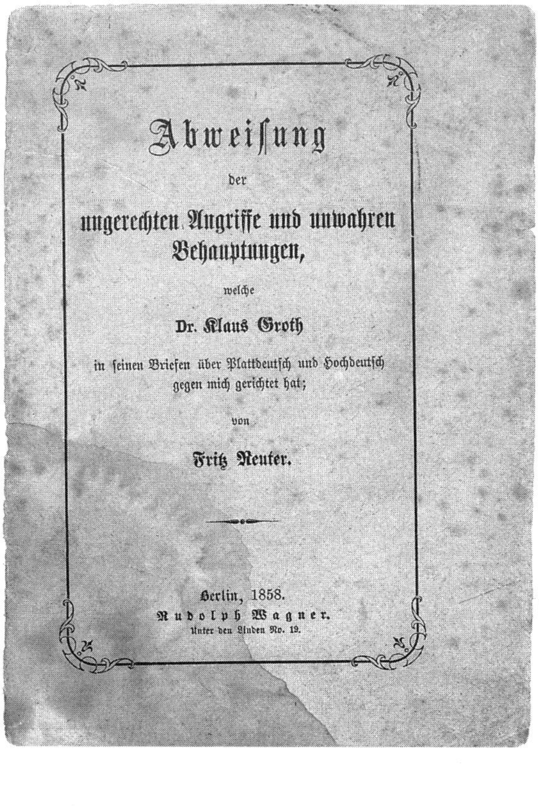

Abweisung

der

ungerechten Angriffe und unwahren Behauptungen,

welche

Dr. Klaus Groth

in seinen Briefen über Plattdeutsch und Hochdeutsch gegen mich gerichtet hat;

von

Fritz Reuter.

Berlin, 1858.
Rudolph Wagner.
Unter den Linden No. 19.

Blick in die Stargarder Straße in Neubrandenburg mit Reuters zweiter Wohnung (erstes Gebäude links). Alte Ansichtskarte.

Reuters zweite Neubrandenburger Wohnung im Hause des Kaufmanns Steinlein, Stargarder Straße 19. Hier wohnte Reuter von Ostern 1859 bis Ostern 1861. Lichtbild.

»Lieber Hinstorff ... Durch meinen Selbstverlag bin ich imstande, Ihnen ziemlich genau Ihren Gewinn nachzurechnen, der nach Abzug aller Kosten sich ungefähr auf dieselbe Summe belaufen wird. Sie sehen also, daß ich nicht den Löwenanteil für mich beanspruche. Nun entscheiden Sie sich aber umgehend, denn es sind von verschiedenen Seiten Anfragen an mich ergangen, die ich beantworten muß. ... Ich gehe damit um, über kurz oder lang meine sämtlichen Werke in

einer Auflage zu verkaufen. Und dann natürlich sollte dieselbe für immer in dem Verlage ein und derselben Buchhandlung bleiben. Ich betrachte diese Operation als eine kleine Vorsorge für meine Frau, wenn ich einmal sterben sollte. Sie wären der Mann dazu, könnten aber auch sterben, und dann gingen Ihre Handlung und Ihr Verlag in andere, mir unbekannte Hände über, und sicher möchte ich denn doch gehen. Ich überlasse es nun auch Ihrem Zartgefühl, ob eine mir gebotene Garantie nicht an der Stelle wäre. Eine Beleidigung Ihrer Ehre sehe ich nicht darin. Wenn Graf Plessen Korn abliefert, wird es ihm nachgemessen, und wenn der Großherzog Geld einnimmt, so muß er darüber quittieren. Aber wie gesagt, ich überlasse dies Ihrem Zartgefühl. Im übrigen kann ich Ihnen die frohe Nachricht melden, daß sich zwei wichtige Notabilitäten in der literarischen Welt für mich lebhaft interessieren. Ernst Moritz Arndt hat an mich sehr anerkennend geschrieben und Jakob Grimm hat mich grüßen und mir sagen lassen, mein Plattdeutsch sei ein sehr tüchtiges und gewandtes; von allen plattdeutschen Schriftstellern gefiele ihm meine Sprache am besten. Ich arbeite jetzt humoristische Prosa, die hier sehr gefällt; ich gebe mir mit der Sprache viele Mühe und denke diesen Band an Grimm einzusenden (vor dem Drucke), um vielleicht ein kleines Vorwort von ihm zu erlangen.«
Brief Reuters an Hinstorff,
vom 4. März 1859 aus Neubrandenburg.

Dethloff Carl Hinstorff (1811 bis 1882). Ab 1859 war D.C. Hinstorff Reuters Verleger, der durch seine Tüchtigkeit wesentlich zur Verbreitung und zum Erfolg der Werke Reuters beigetragen hat. Die Zusammenarbeit zwischen Hinstorff und Reuter begann mit der vierten Auflage der »Läuschen« 1859 und dem Erstdruck von »Olle Kamellen I – Ut de Franzosentid« 1859. Lichtbild, um 1860.

Uhrmacher Droz vertreibt die Franzosen vom Schloßhof. Illustration zu »Ut de Franzosentid«. Getönte Zeichnung von Hans Stubenrauch, 1901.

Trinkszene zwischen Möller Voß (rechts) und dem französischen Schassür. Titelkupfer zur zweiten Auflage der »Franzosentid«, 1860, nach einer Zeichnung von Theodor Schloepke, 1860.

Vorbereitung zur Flucht des Bürgermeisters Reuter aus den Händen der Franzosen. Illustration zu »Ut de Franzosentid«. Holzschnitt nach einer Zeichnung von Friedrich Hiddemann, 1872.

Der französische Schassür und Amtshauptmann Weber. Illustration zu »Ut de Franzosentid«. Federzeichnung von Werner Schinko, 1979.

Theodor Schloepke (1812 bis 1878). Lebte und arbeitete ab 1853 als Hofmaler in Schwerin. 1859/60 schuf er zwanzig Illustrationen zu Reuters »Läuschen un Rimels«. Während eines achtwöchigen Aufenthaltes von Anfang Januar bis Ende Februar 1860 bei Reuter in Neubrandenburg malte und zeichnete er den Dichter mehrmals (Bleistiftzeichnung, Aquarell und Porzellanbildnis) und porträtierte auch Luise Reuter, Viktor Siemerling, Ernst und Franz Boll sowie Ratskellerwirt Ahlers. Selbstbildnis, 1876.

In Mamsell Westphalens Schlafstube: Mamsell Westphalen, Uhrmacher Droz und zwei französische Ordonnanzen. Illustration zu »Ut de Franzosentid«. Nach einem Gemälde von Conrad Beckmann, 1879.

Fritz Reuter. Aquarell von Theodor Schloepke, 1860.

Luise Reuter. Aquarell von Theodor Schloepke, 1860.

Hanne Nüte
un de lütte Pudel.
'Ne Vagel- un Minschengeschicht
von
Fritz Reuter.
Illustrirte Ausgabe
mit 40 Holzschnitten nach Zeichnungen von Otto Speckter.
Wismar und Ludwigslust.
Verlag der Hinstorff'schen Hofbuchhandlung.
1865.

Titelseite der von Otto Speckter 1865 illustrierten »Hanne Nüte«-Ausgabe. Im »Hanne Nüte« stellte Reuter ländliches Leben dar unter Ausklammerung sozialer Aspekte. Er schilderte die »Liebe zweier einfacher Naturkinder in heiteren Bildern«; die Konflikte erfuhren optimistische, gerechte Lösungen.

An Otto Speckter

»Schelten Sie nicht, daß Sie noch immer nicht in den Besitz der reizenden Skizzen gelangt sind; Sie haben Ihre Sache so prächtig gemacht, daß Sie verdienten, ich unterschlüge die lieblichen Dinger. – Sie fordern mich auf, ich soll Bemerkungen dazu machen, nun, das Obige sind meine Bemerkungen; ich begreife nur nicht, wie Sie so leicht zwischen meinen Zeilen lesen können, wie Sie so leicht eine Idee mit Ihrem Griffel erfüllen, zu der ich doch im ganzen nur die Andeutung habe geben können. – Mit Hinstorff habe ich über unseren Plan gebriefwechselt. ... Nun geht meine Ansicht dahin: Sie senden ihm Ihre Skizzen, mit dem Bemerken, daß ich durchaus mit denselben zufrieden bin, stellen Ihre Forderung für soundso viele Illustrationen – dann wird er kommen und sagen, das wären zu viele; dann antworten Sie, Sie hätten sich besonnen, es wären noch nicht genug, Sie würden wohl schließlich hier und da noch einige einschalten müssen, denn das Buch sollte ja illustriert, nicht bloß mit Bilderchen versehen werden; ferner machen Sie ihm zur Bedingung, daß Sie einen Holzschneider aussuchen wollen, von dem Sie überzeugt wären, daß er die Sache nicht verpfuscht; auch müssen Sie ihm nicht die Wahl des Formats, des Papiers und der äußeren Ausstattung überlassen; nur allein die Preisbestimmung dem Publikum gegenüber sei seine Sache, und wenn er an dem Unternehmen gut verdient, so können wir ihm das gönnen, und es wäre gut, denn

dann würde er Mut zu ferneren Illustrationen erhalten; verkaufschlagen Sie sich aber ja nicht hierbei! Was mich anbetrifft, so würde ich nur das beanspruchen, was ich für die gewöhnliche Auflage erhalte, und das ist bei 2000 Exemplaren 600 Taler, mehr oder weniger pro rata. – Will er auf Ihre Forderungen nicht eingehen, so melden Sie es mir, ich will dann wohl versuchen, ihm Daumschrauben aufzusetzen.«

Brief Reuters an Otto Speckter, vom 6. Januar 1864 aus Eisenach.

Hanne Nüte. 4.

„„Sag' mal, hört'st Du von Jena schon?
Hast Du von Jena mal gelesen?
Ich bin ein Jahr darin gewesen —
— — — — — — — — — —
Trink mal, mein Sohn, trink aus den Wein;
Ich schenk' uns beiden wieder ein. —
— — — — — — — — — —
Ja, ja, da ging es scharf, mein Lieber!““
Un nimmt en En'n von Bohnenschacht:
„„Sieh so, mein Sohn, so ward's gemacht,
So lag man aus, so kreuzte man die Klingen.““
Un stött en pormal krüz un quer
Un fängt dunn dütlich an tau singen, —
Sin leiwe Fru stunn acht're Dör. — — —

Hanne Nütes Abschied vom Pastor.
Illustration zu »Hanne Nüte un de lütte Pudel«.
Holzschnitt nach Zeichnung von Otto Speckter, 1863/64.

Hanne Nüte. 3.

„„Her mit den legen Breif, Musch Sunt!““
Un ihr dat Einer hinnern kunn,
Ritt s' — 'ritsch un ratsch! — dat Siegel run:
„Mein süßer Engel!“ — Dit ward nett!
Wo't woll so'n „süßen Engel“ lett? —
„Ich grüße Dir nach langer Zeit,
Doch leider bün ich schon verfrei't —“
So? „leider?“ — Täuw, dit willn w' uns marken!
Ik denk, hei schriwwt an Pächter Swing'
Von wegen en lütt gadlich Farken,
Un hei schriwwt niderträcht'ge Ding'! —

Hanne Nütes Abschied vom Küster.
Illustration zu »Hanne Nüte un de lütte Pudel«.
Holzschnitt nach Zeichnung von Otto Speckter, 1863/64.

Hanne Nüte. 11.

Un äwer'n Barg kümmt stramm un stur,
Schön rod un bläustrig antauseihn,
Den swarten Rock un den Tolor
Wat upgepust't, utwarts de Bein,
Demäudig fram un glatt dat Hor,
De Kunsterjalrath sülwst in eigene Person,
Den süs de Lüd' för Kuhnhahn schellen.
Linksch geiht bi em de Gaus un ward vertellen
Von ehr Verdeinst üm inn're Mission
Un kickt denn af un an so fram tau Höcht,
Wat woll Hochwürden dortau seggt;
De is dormit denn sihr taufreden.
Un as sei beid so gahn tausam,
Let't ehr von vörn gefährlich fram.
Von achter mag't ehr so nich kleden,
Denn Kanter Hahn, de achter geiht,
Süht, wo Fru Gaus mit't leiwe Achterdeil
Gefährlich affectiren deiht,
Un wo de Kuhnhahn in sin fram Gefäul
Stolz Rad up Rad von achter sleit.
De Kanter Hahn, en Mann von Welterfohrung,
Seggt still tau sik: „Wat kümmert't mi?
De Spruch, de gelt: Mundus vult decipi."

»Korl, geliebter! Wenn die Million voll ist, die Du mit dem Vorlesen des ›Hanne Nüte‹ verdienen wirst, kannst Du es mir gelegentlich sagen lassen; ich werde mich dann melden und bin überzeugt, Du gibst mir dann ›en Bischen‹ ab. So lange wollen wir uns beide an der ideellen Freude über den guten Erfolg genügen lassen. – Im übrigen bin ich Dir freundschaftlich gewogen; lies also und streiche, streiche und lies, lies Deine Streiche, meine Streiche, ich bin mit allem durchaus zufrieden. Es würde mir sogar sehr angenehm sein, wenn Du tüchtig darin herumstrichest, ich würde dann eine wirklich ersprießliche Kritik haben, die ein großes Publikum mittelbar durch Dich übte. Das gestrichene Exemplar leihst Du mir dann wohl mal. Also tüchtig darauf los, Du weißt ja, ich bin kein empfindlicher Hans Narr.«
Brief Reuters an Carl Kraepelin, vom 28. Februar 1861.

Carl Kraepelin (1817 bis 1882). Der Neustrelitzer Hofschauspieler Kraepelin begann um 1860 mit dem Vorlesen aus Reuters Schriften. Besonders gern las er aus »Hanne Nüte«. Als professioneller Reuter-Rezitator hat er in der Folgezeit große Erfolge errungen und sich um die Popularisierung der Werke Reuters sehr verdient gemacht.
Holzschnitt nach Zeichnung von Erdmann Wagner.

Kindtaufe bei Familie Sperling. Illustration zu »Hanne Nüte un de lütte Pudel«.
Holzschnitt nach Zeichnung von Otto Speckter, 1863/64.

Fritz Reuters vierte Neubrandenburger Wohnung im Hause des Kaufmanns Usedom, Stargarder Straße 24, wo er vom 29. September 1861 bis Juni 1863 gewohnt hat. Lichtbild.

Fritz Reuter. Porzellanbildnis von Theodor Schloepke, 1860.

Ratskellermeister Adolf Ahlers (1814 bis 1864). Freund Reuters in Neubrandenburg. Bleistiftzeichnung von Theodor Schloepke, 1860.

Folgende Seiten:
»Ick will jug vertellen ...« Fritz Reuter mit seinen Freunden am Stammtisch im Neubrandenburger Ratskeller.
Dargestellt sind (von rechts nach links): Unkel Bräsig, Franz Boll, Viktor Siemerling, Justizrat Ludwig Schröder, Wilhelm Hilgendorff, Ratskellerwirtin Ahlers, Fritz Reuter, Rittmeister Blümcke, Ratskellermeister Ahlers, Oberförster Träbert, Oberamtmann Schönermark, Unbekannt.
Der Neubrandenburger Bekannten- und Freundeskreis Fritz Reuters setzte sich zudem aus Vertretern verschiedener Klassen und Bevölkerungsschichten zusammen. Die häufigen Begegnungen, ob am Stammtisch oder bei anderer Gelegenheit, schufen die Möglichkeit zu einem reichen Gedanken- und Informationsaustausch. Der die Geselligkeit liebende Fritz Reuter nutzte diese Kontakte zu intensivem Personen- und Sozialstudium, was für sein literarisches Schaffen von unschätzbarem Vorteil war.
Druck nach dem Ölgemälde von J. Bahr, 1899.

AHR.99

Dietrich Vollrath Hagemann (1803 bis 1874). Kaufmann in Neubrandenburg und guter Bekannter Reuters. Lichtbild, um 1860.

Ludwig Roggenbau (1824 bis 1867). Gehörte als Stadtrichter zum Bekanntenkreis Reuters in Neubrandenburg. Lichtbild, um 1860.

Johannes Schondorf (1833 bis 1912). Schondorf wirkte als Organist und Klavierlehrer von 1855 bis 1864 in Neubrandenburg und war mit Reuter, aus dessen »Hanne Nüte« er einige Texte komponierte, eng befreundet. Lichtbild, um 1860.

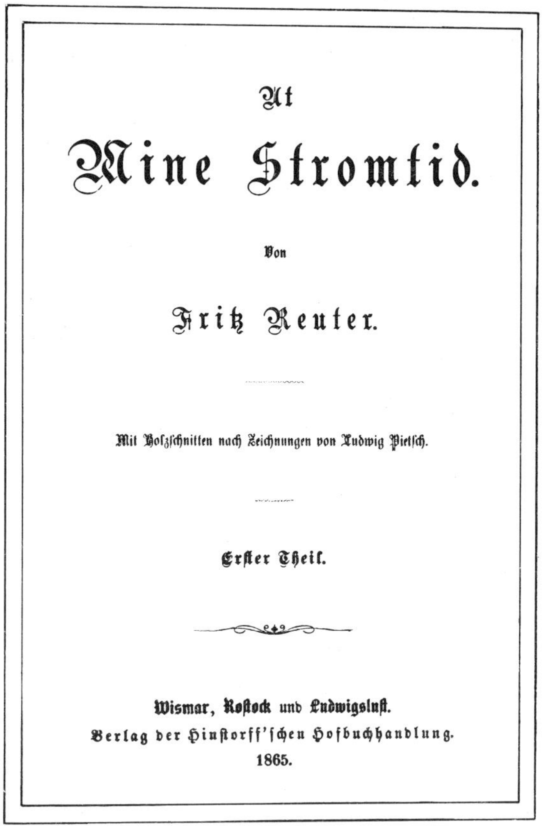

Ut

Mine Stromtid.

Von

Fritz Reuter.

Mit Holzschnitten nach Zeichnungen von Ludwig Pietsch.

Erster Theil.

Wismar, Rostock und Ludwigslust.
Verlag der Hinstorff'schen Hofbuchhandlung.
1865.

Titelseite des von Ludwig Pietsch 1865 illustrierten Romans »Ut mine Stromtid«.
»Ut mine Stromtid«, deren drei Bände von 1862 bis 1864 entstanden sind, ist das Hauptwerk Fritz Reuters. In ihm schilderte er umfassend und sozial engagiert die dörflich-kleinstädtischen Verhältnisse Mecklenburgs zwischen 1830 und 1850 und gestaltete Figuren, die tief ins Volksbewußtsein eingegangen sind, wie der allbeliebte Unkel Bräsig.

An Ludwig Pietsch:
»Wie ist es aber nur einmal möglich, daß ein Mensch dem andern Menschen einen solchen Menschen, wie der Mensch Bräsig ist, so mit Haut und Haar aus der Seele herauslesen kann, wie Sie getan haben? Ich habe früher selbst ein wenig gezeichnet, ... dies und vielleicht auch natürliche Anlage haben mir die Möglichkeit verschafft, mir Personen, die ich aufführe, in ihren speziellsten Eigentümlichkeiten leibhaftig vorstellen zu können, und nun stimmt Ihr Bräsig mit meinem Bräsig, der seit 2 Jahren und länger hinter meinem Stuhl steht ..., bis aufs Haar zusammen. So ist's auch mit Hawermann und mit den Kindern, und nur eine Figur hätte ich etwas anders gewünscht, das ist die kleine Pastorin, die möchte ich runder und frischer haben.«
Brief Reuters an Ludwig Pietsch, vom 29. Mai 1864 aus Eisenach.

Ludwig Pietsch (1824 bis 1911). Nach den Illustrationen zu Lessings »Emilia Galotti« und »Minna von Barnhelm« schuf Pietsch in den Jahren 1864 und 1865 sechzig Bilder zu Reuters »Stromtid«. Der Dichter hat die Arbeiten des Illustrators der »Stromtid« sehr geschätzt. Lichtbild.

Unkel Bräsig vertreibt den Hund Bauschan. Illustration zu »Ut mine Stromtid«. Holzschnitt nach Zeichnung von Ludwig Pietsch, 1864/65.

Tagelöhner des Gutsbesitzers Pomuchelskopp in ihrem Katen. Illustration zu »Ut mine Stromtid«. Holzschnitt nach Zeichnung von Otto Emil Lau, 1877.

Unkel Bräsig redet im Rahnstädter Reformverein. Illustration zu »Ut mine Stromtid«. Holzschnitt nach Zeichnung von Ludwig Pietsch, 1864/65.

Vertreibung Pomuchelskopps durch seine Tagelöhner. Illustration zu »Ut mine Stromtid«. Holzschnitt nach Zeichnung von Otto Emil Lau, 1878.

Unkel Bräsig, Hauptfigur in Reuters »Stromtid«. Aquarell von Theodor Schloepke, 1870.

QUOD FELIX FAUSTUM FORTUNATUMQUE SIT
SUMMIS AUSPICIIS
SERENISSIMI PRINCIPIS ET DOMINI NOSTRI CLEMENTISSIMI
DOMINI
FRIDERICI FRANCISCI
MAGNI DUCIS MEGAPOLITANI
PRINCIPIS VENEDORUM SUERINI ET RACEBURGI
COMITIS SUERINENSIS
TERRAE ROSTOCHIENSIS ET STARGARDIENSIS DOMINI
UNIVERSITATIS HUJUS LITERARIAE PATRONI MUNIFICENTISSIMI
ATQUE
CANCELLARII MAGNIFICENTISSIMI
RECTORE ACADEMIAE MAGNIFICO
JOANNE AUG. CHR. ROEPER
MEDICINAE ET PHILOSOPHIAE DOCTORE
ZOOLOGIAE ET BOTANICES PROFESSORE PUBLICO ORDINARIO
VIRUM PRAENOBILISSIMUM ET CLARISSIMUM
FRIDERICUM REUTER
NOVIBRANDENBURGENSEM
QUI VIR ET DIALECTUM PATRIAM ET SENSUS ANIMI PATRIOS CALLET
QUEM EUNDEM GRATIAE IPSAE MUSIS CONJUNCTAE JOCIS MISCERE SERIA DOCUERUNT
CUJUS SCRIPTORIS QUUM ALIA OPERA TUM ETIAM LIBRUM AUREOLUM HUNCCE „OLLE CAMELLEN" GERMANIA LAUDAT UNIVERSA
EX DECRETO AMPLISSIMI PHILOSOPHORUM ORDINIS
HONORIBUS AC PRIVILEGIIS
PHILOSOPHIAE DOCTORIS ARTIUMQUE LIBERALIUM MAGISTRI
HONORIS CAUSA
ORNATUM ESSE
PUBLICO HOC DIPLOMATE
CONFIRMAT ET TESTIFICATUR
AD HUNC ACTUM CLEMENTISSIME CONSTITUTUS PROMOTOR ET PROCANCELLARIUS
FRANC. VOLCMARUS FRITZSCHE
PHILOSOPHIAE DOCTOR
ELOQUENTIAE ET POESIS PROFESSOR PUBLICUS ORDINARIUS
SEMINARII PHILOLOGICI DIRECTOR
ORDINIS PHILOSOPHORUM H. T. DECANUS.

P. P. ROSTOCHII SUB SIGILLO ORDINIS PHILOSOPHORUM
DIE VI IDUS MARTIAS A. MDCCCLXIII.

TYPIS ADLERIANIS

Diplom der Ehrendoktorwürde Fritz Reuters. Auf Antrag des Germanisten Karl Bartsch hatte die Philosophische Fakultät der Universität Rostock beschlossen, Fritz Reuter die Würde eines Doktors der Philosophie und Magisters der freien Künste honoris causa zu verleihen. Am 25. März 1863 teilte der Dekan Professor Fritzsche Reuter den vom Großherzog bestätigten Fakultätsbeschluß mit.

Übersetzung des Doktordiploms: Möge Glück, Segen und gütiges Geschick über ihm walten! Unter dem höchsten Schirm und Schutz des durchlauchtigsten Fürsten, unseres gnädigsten Herrn, Herrn Friedrich Franz Großherzogs von Mecklenburg, Fürsten von Wenden, Schwerin und Ratzeburg; auch Grafen von Schwerin, der Lande Rostock und Stargard Herrn, des edelmütigsten Patrons dieser wissenschaftlichen Universität und ihres großmütigsten Kanzlers ist unter dem Rektorat von Johann August Röper Doktor der Medizin und der Philosophie öffentlich ordentlichem Professor der Zoologie und Botanik, der weithin bekannte und gefeierte Friedrich Reuter aus Neubrandenburg der den vaterländischen Dialekt und vaterländisches Empfinden der Seele wiedererweckte, den die mit den Musen verbundenen Grazien lehrten, Ernstes mit Scherz zu vereinen, ein Schriftsteller, dessen gesamtes Werk, insbesondere aber seine »Ollen Kamellen«, ganz Deutschland preist, auf Beschluß des Hohen Rates der philosophischen Fakultät mit den Ehren und Vorrechten eines Doktors der Philosophie und Lehrers der freien Künste ehrenhalber ausgezeichnet worden. Dies bezeugt und bestätigt durch dieses öffentliche Diplom (Urkunde) der zu diesem Amt gnädigst eingesetzte Promotor und Prokanzler Franziskus Volkmarus Fritzsche, Doktor der Philosophie, Ordinarius für Beredsamkeit und Dichtkunst, Direktor des Philologischen Seminars, der Philosophischen Fakultät derzeitiger Dekan. Veröffentlicht zu Rostock unter dem Siegel der Philosophischen Fakultät am 6. Tage der Iden des März (9. März) des Jahres 1863.

Ludwig Brückner (1844 bis 1922). In den Abendstunden des 19. Juni 1863 hat der Primaner des Neubrandenburger Gymnasiums, Ludwig Brückner, die feierliche Rede auf Fritz Reuter gehalten, als dieser seinen Abschied von Neubrandenburg nahm, um mit seiner Frau nach Eisenach in Thüringen überzusiedeln. Lichtbild.

Erinnerung an Neubrandenburg. Lithographie von Tempeltei nach Zeichnung von H. Stoll, herausgegeben vom Verlag G. Bernasconi, Neustrelitz.

»Diese sieben Jahre, ich kann es ganz aufrichtig sagen, sind die glücklichsten meines Lebens gewesen. … Ich werde nie die freundliche Vorderstadt Neubrandenburg vergessen mit ihren reinlichen Straßen, mit ihrer schönen Kirche; wie

ihren grünen Eichenkranz, den hellblauen Spiegel ihres Sees, ihr Buchenlaub – niemals werde ich sie vergessen.«
Aus Reuters Abschiedsrede, gerichtet an die Neubrandenburger am Abend des 19. Juni 1863.

Rathaus und Herzogliches Palais in Neubrandenburg. Das Palais gehört zu den wichtigen Schauplätzen in Fritz Reuters Roman »Dörchläuchting«. Adolf Friedrich IV., Herzog von Mecklenburg-Strelitz, ließ es sich ab 1775 als Sommerresidenz auf der Ostseite des Neubrandenburger Marktes errichten. Zeichnung von Robert Geissler, herausgegeben vom Verlag C. Brünslow, Neubrandenburg.

Adolf Friedrich IV. (1738 bis 1792). Ab 1753 war er Herzog von Mecklenburg-Strelitz. Fritz Reuter wählte ihn zur Titelfigur seines vorletzten Romans »Dörchläuchting«. Pastellbildnis, Fritz Reuter zugeschrieben.

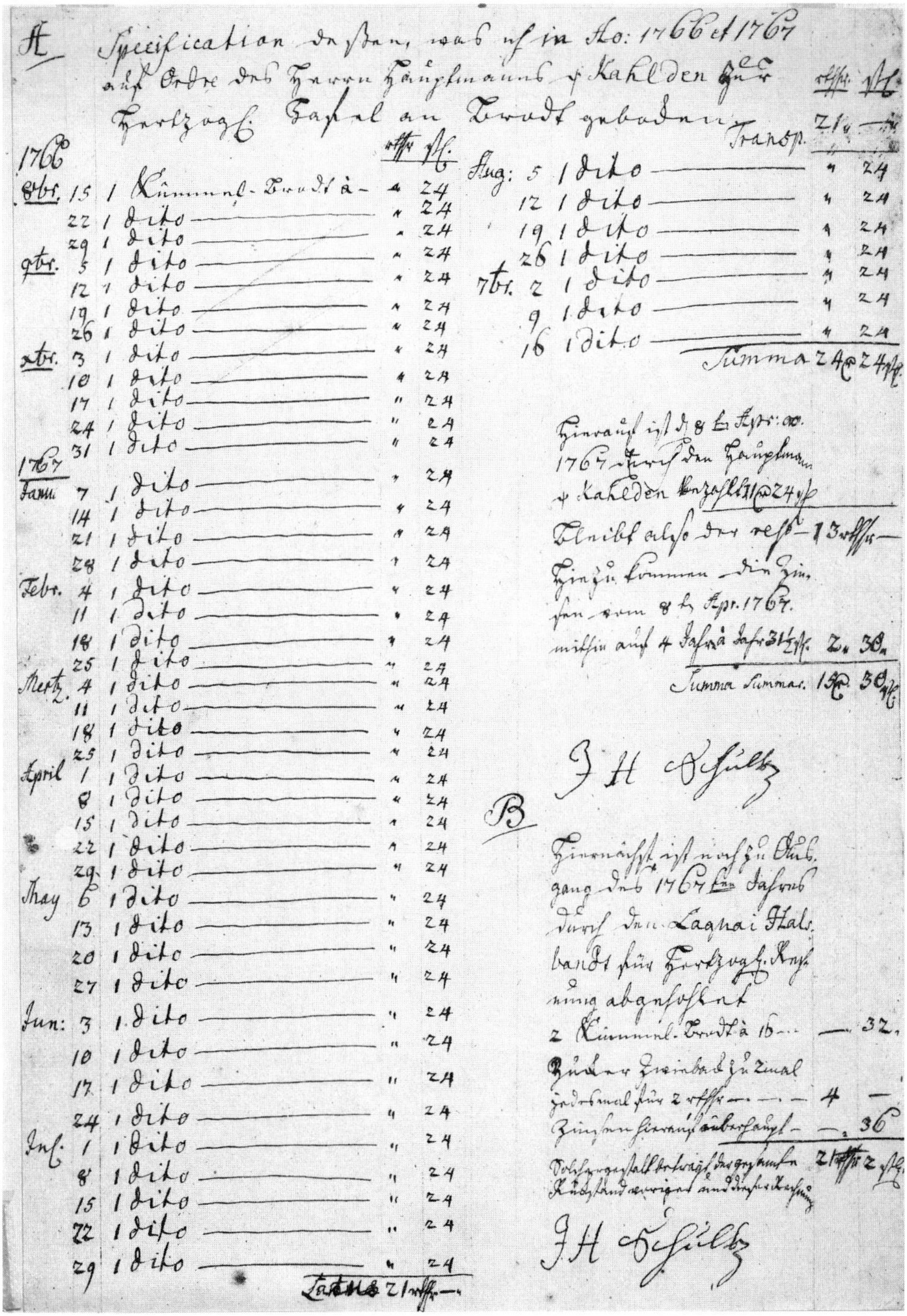
A Specification dessen, was ich in Ao: 1766 et 1767 auf Ordre des Herrn Hauptmanns v. Kahlden zur Herzogl. Tafel an Brodt gebacken

			rthlr	ß
1766 Obr.	15	1 Kümmel-Brodt à	"	24
	22	1 dito	"	24
	29	1 dito	"	24
9br.	5	1 dito	"	24
	12	1 dito	"	24
	19	1 dito	"	24
	26	1 dito	"	24
Xbr.	3	1 dito	"	24
	10	1 dito	"	24
	17	1 dito	"	24
	24	1 dito	"	24
	31	1 dito	"	24
1767 Janu	7	1 dito	"	24
	14	1 dito	"	24
	21	1 dito	"	24
	28	1 dito	"	24
Febr.	4	1 dito	"	24
	11	1 dito	"	24
	18	1 dito	"	24
	25	1 dito	"	24
Mertz	4	1 dito	"	24
	11	1 dito	"	24
	18	1 dito	"	24
	25	1 dito	"	24
April	1	1 dito	"	24
	8	1 dito	"	24
	15	1 dito	"	24
	22	1 dito	"	24
	29	1 dito	"	24
May	6	1 dito	"	24
	13	1 dito	"	24
	20	1 dito	"	24
	27	1 dito	"	24
Jun:	3	1 dito	"	24
	10	1 dito	"	24
	17	1 dito	"	24
	24	1 dito	"	24
Jul:	1	1 dito	"	24
	8	1 dito	"	24
	15	1 dito	"	24
	22	1 dito	"	24
	29	1 dito	"	24
		Latus	21 rthlr	

			rthlr	ß
		Transp.	21	
Aug:	5	1 dito	"	24
	12	1 dito	"	24
	19	1 dito	"	24
	26	1 dito	"	24
7br.	2	1 dito	"	24
	9	1 dito	"	24
	16	1 dito	"	24
		Summa	24 rthlr	24 ß

Hierauf ist d. 8ten Apr: ao. 1767 durch den Hauptmann v. Kahlden bezahlt 11 rthlr 24 ß
Bleibt also der rest — 13 rthlr
Hiezu kommen die Zinsen vom 8ten Apr. 1767 mithin auf 4 Jahr à Jahr 3½ ß — 2. 30
Summa Summar. 15 rthlr 30 ß

J H Schultz

B

Hiernächst ist noch zu Ausgang des 1767ten Jahres durch den Laquai Halsbandt für Herzogl. Rechnung abgeholet
2 Kümmel-Brodt à 16 — 32
Bücher Zwieback zu zweimal jedesmal für 2 rthlr — 4
Zinsen hievon überhaupt — 36
[illegible] 21 rthlr 2 ß

J H Schultz

Rechnung des Neubrandenburger Bäckermeisters H. J. Schultz über Kümmelbrot und andere Backwaren, die er für die herzogliche Tafel in den Jahren 1766 und 1767 geliefert hat.

Mutter Schulten und Dörchläuchting. Mutter Schulten nähert sich Dörchläuchting, um ihm die sogenannte »Brötchenrechnung« zwecks Bezahlung zu überreichen. Illustration zu »Dörchläuchting«. Holzschnitt nach Zeichnung von Hermann Lüders, 1872.

10.
In Eisenach 1863 bis 1874.
Letzte Jahre

Eisenach mit Nikolaiturm.
Am 20. Juni 1863 siedelte Fritz Reuter von Neubrandenburg nach Eisenach in Thüringen über. Er erfüllte damit einen Wunsch seiner Frau. Ihm fiel die Trennung von Mecklenburg sehr schwer. Zeitgenössischer Stahlstich von A. Rottmann nach Zeichnung von L. Rohbock.

»Freilich, in Vergnügungslokalen kommt man hier mit vielen Leuten in Berührung, die alle dem sogenannten gebildeten Stande angehören. Das ist denn für mich eine arge Qual, mir alle die Namen und die Titel zu merken; aber ich weiß mir zu helfen: alle, die wie Schulmeister aussehen, nenne ich schlankweg ›Professor‹, und alle, die wie Juristen aussehen, nenne ich ›Rat‹, damit bin ich bisher gut ausgekommen; wenn sich ein Paar über Politik zankt, so sind's ein paar Rechtsanwälte, und wenn ein alter Herr still am Tisch sitzt, einen Schnurrbart trägt und viel Bier trinkt, tituliere ich ihn Herr Major oder Herr Oberst, je nachdem der Bauch beschaffen ist. – Es gibt hier eine Unmasse von angestellten und titulierten Personen; es soll hier über 30 Professoren, einige 50 Räte geben. Majors und Obersten, Oberjägermeister, Hauptleute so viel, daß man Schweine damit mästen kann, und dazu heißt jeder Schuster ›Hofschuster‹ und jeder Seifensieder ›Hofseifensieder‹. Das ist denn allerdings eine Misere, aber es lebt sich gut mit dem Völkchen, die Leute sind freundlich und höflich, leichtlebig und bei schwachen Mitteln fröhlich.«
Brief Reuters an Franz und Ernst Boll, vom 2. Oktober 1863 aus Eisenach.

»Ich setze mich auf den Balkon meiner Wohnung; vor mir liegen schöne Gärten und die Stadt Eisenach in dem Tale, rechts Landhäuser, Gärten und Höhen, links ein wunderschöner Wald, der sich bis zur Wartburg hinaufzieht und mit zwanzig Schritten von uns zu erreichen ist. Ebenso weit ist es bis zu den Anfängen der Stadt; und das liegt alles im köstlichsten Sonnenschein um uns her, und der liebe Gott schickt uns ab und an einen kleinen Regen, der es frisch erhält. ... Und nun meine Wohnung! Was soll ich Dir davon sagen? Soll ich sagen, es ist ein kleiner Feenpalast? Dann könnte ich den Neid Deiner lieben Frau erwecken, und das würde der schändlichste Undank sein gegen ein paar Freunde, wie Ihr Euch gegen uns gezeigt habt; ich sage daher bloß, daß das Haus ganz neu ist und die Dekoration in einem Geschmacke, wie sich das von dem Besitzer, der die Restauration der Wartburg besorgt, erwarten läßt.«
Brief Reuters an Viktor Siemerling, vom 29. Juni 1863 aus Eisenach.

Reuters erste Wohnung in Eisenach. Von Juni 1863 bis April 1868 wohnte das Ehepaar Reuter im neuerbauten Schweizerhaus des Baurates Dittmar am Predigerplatz in Eisenach. Die Wohnung war geräumig und befand sich in der ersten Etage des Hauses. Lichtbild.

Wilhelm Wolff (1809 bis 1864). Als proletarischer Revolutionär gehörte er an der Seite von Marx und Engels, mit denen er eng befreundet war, zu den Führern der deutschen Arbeiterbewegung. Kasematten-Wolff, auch Lupus genannt, war Reuters Haft- und Leidensgenosse auf der Festung in Silberberg. Um die Jahreswende 1863/1864 korrespondierten sie miteinander. Holzschnitt.

»Mein liebes Wölffchen, daß Du gleich nach der zufälligen Auffindung eines alten Freundes an ihn schreibst, ist ein Zeichen, daß er Dir trotz der langen Trennung und der verschiedensten Lebenswege nicht gleichgültig geworden ist. – Aber Du armer Kerl! wie hat man mit Dir in der Welt umhergestoßen! Ich habe grade auch nicht derweile auf Rosen getanzt, doch so schlimm ist's mir nicht ergangen. ... Da sitze ich nun schon an die dreißig Jahr, bis mir das Haar grau geworden ist und warte auf eine tüchtige Revolution, in der sich der Volkswille einmal energisch dokumentieren soll; aber was hilft's? Sogar diese Bewegung, die durch Zufall, durch Recht und alles mögliche gestärkt wird, droht in den jämmerlichsten Sand zu verlaufen. Du sollst sehen, Schleswig-Holstein ist für uns verloren, Preußen und Oestreich werden die Truppen der Kleinstaaten aus dem Lande heraus maßregeln und optima forma den Dänen in deutsches Erbeigentum einsetzen. – Wenn doch das preußische Volk zur Steuerverweigerung griffe, es ist das einzige Mittel, den Bismarck et Comp. los zu werden und den alten König tot zu ärgern. ... Es gefällt uns übrigens hier in Eisenach sehr gut, wir haben freilich wenig Verkehr in der Stadt selbst, aber mein Haus ist den Sommer über ein wahrer Taubenschlag für Freunde, und da fehlt's dann nicht an Unterhaltung; einen alten Leidensgenossen aus England, der sich jedoch der Haft durch die Flucht entzogen hat, Schlutter, Lehrer zu Woolwich, haben wir diesen Sommer hier bei uns gehabt, und ich denke, daß Du auch einmal bei uns einkehrst, wenn die Sehnsucht nach Deutschland in Dir erwacht und die Sturmglocken Dich rufen.«
Brief Reuters an Wilhelm Wolff, vom 12. Januar 1864 aus Eisenach.

Fritz Reuter in Eisenach. Lichtbild, um 1869.

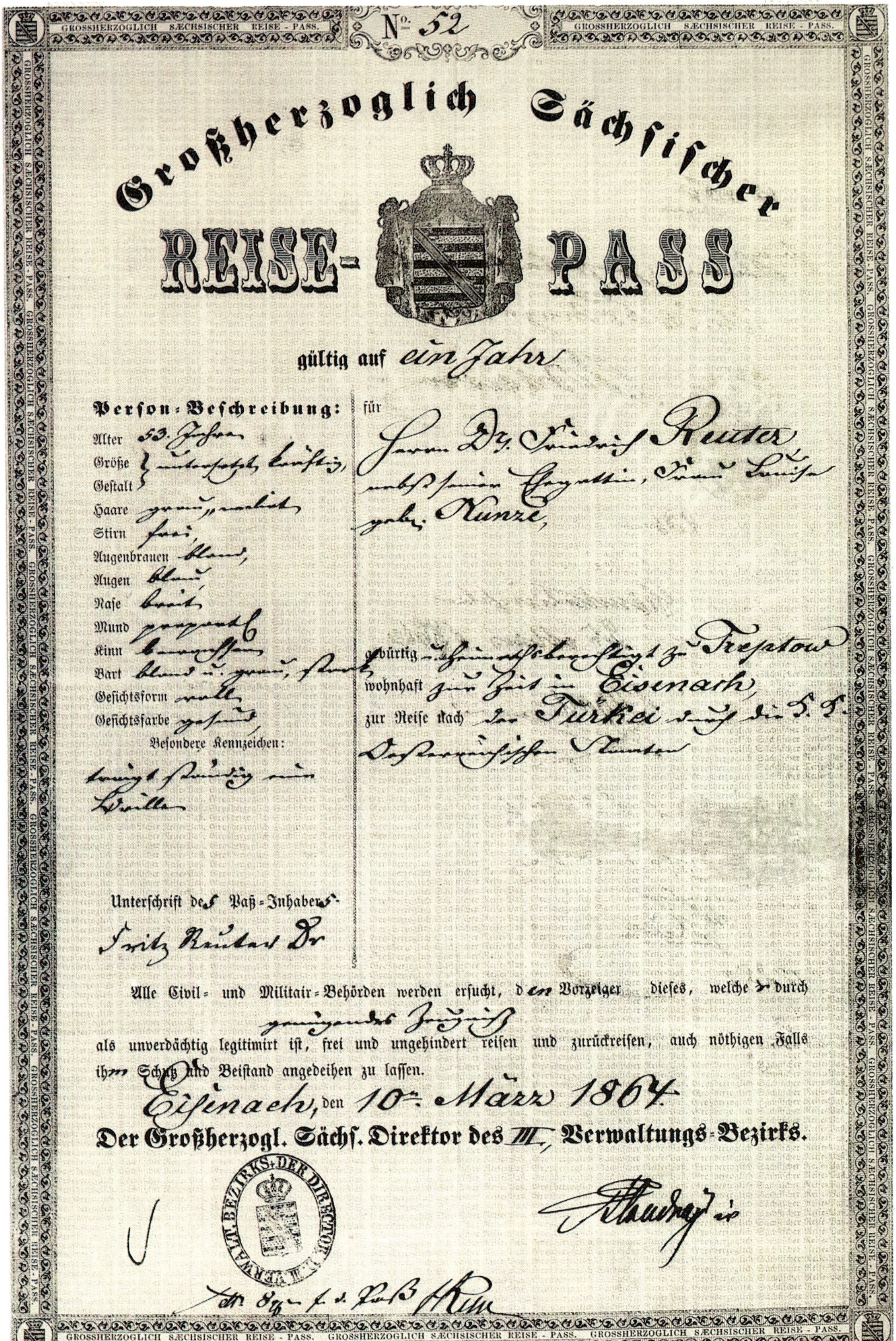

GROSSHERZOGLICH SÆCHSISCHER REISE - PASS.

№ 52

Großherzoglich Sächsischer

REISE-PASS

gültig auf ein Jahr

Person-Beschreibung:

Alter 53 Jahre

Größe / Gestalt untersetzt, kräftig

Haare grau meliert

Stirn frei

Augenbrauen blond

Augen blau

Nase breit

Mund proportional

Kinn

Bart blond u. grau, stark

Gesichtsform voll

Gesichtsfarbe gesund

Besondere Kennzeichen:

trägt ... Brille

für

Herrn Dr. Friedrich Reuter nebst seiner Ehegattin, Frau Luise geb. Kunze,

gebürtig ... zu Treptow

wohnhaft zur Zeit in Eisenach

zur Reise nach der Türkei durch die K.K. Oesterreichischen Staaten

Unterschrift des Paß-Inhabers

Fritz Reuter Dr

Alle Civil- und Militair-Behörden werden ersucht, den Vorzeiger dieses, welcher durch genügendes Zeugniß als unverdächtig legitimirt ist, frei und ungehindert reisen und zurückreisen, auch nöthigen Falls ihm Schutz und Beistand angedeihen zu lassen.

Eisenach, den 10. März 1864.

Der Großherzogl. Sächs. Direktor des III. Verwaltungs-Bezirks.

DER DIRECTOR D. III. VERWALT. BEZIRKS

GROSSHERZOGLICH SÆCHSISCHER REISE - PASS.

Großherzoglich Sächsischer Reisepaß Fritz Reuters für seine Reise in den Orient im Frühjahr 1864.

Legitimation

für die

Gesellschafts-Reise

zum

Oster-Feste

im Jahre

1864

nach

CONSTANTINOPEL

und

ATHEN.

Abreise von Triest mit Separat-Dampfer, Samstag den 26. März d. J., um zwei Uhr Nachmittags.

GESELLSCHAFTS-REISE
Lloyd
WIEN

Legitimation Fritz Reuters für seine Reise nach Konstantinopel und Athen 1864.

Konstantinopel.
Stahlstich, um 1850.

Ludwig Reinhard (1805 bis 1877). Ab Ostern 1863 wirkte Reinhard als Redakteur der »Allgemeinen Deutschen Arbeiterzeitung« in Koburg. Von hier aus besuchte er des öfteren seinen Landsmann und Freund Fritz Reuter im benachbarten Eisenach. Lichtbild.

»Luting! Luting! De olle lange Demmler ut Swerin was hier un was bi Di west un hadd kein ›Lotterbedd‹ bi Di gewohr worden, un dunn dacht hei, wat Demmler is, un dacht sei, wat mine Fru is, dat sick dat för so'n ollen Burßen, as min oll Luting is, sine ollen Knaken woll schicken ded, dat hei sei mal grad un lang utrecken künn; un dunn dachten wi, wat wi beiden Reuters sind un wat hei is, Demmler, wi wull'n Di tosamen so 'ne glückliche Rauh taum Wihnachten schicken. Nu legg Di hen un slap woll.«
Brief Reuters an Ludwig Reinhard, von Weihnachten 1867 aus Eisenach.

»Ja, ich teile Deine Furcht vor einer Bismarckischen und Junker-Regierung, die wird uns schwerlich erspart werden; aber ich glaube nicht, daß der Bismarck sich so ohne Besinnung den Junkern und Pfaffen in die Arme werfen wird, er muß ... die Mittelstaaten zu versöhnen suchen, und das kann er nur, wenn er dem Volke Konzessionen macht. – Aber gesetzt den Fall, er täte es nicht, so würde sein Regiment doch nur ein vorübergehendes Unglück sein, und eine von unsern Forderungen, die Einheit und die Macht Deutschlands dem Ausland gegenüber, würde doch errungen sein. – Ich verhehle es mir nicht, daß dem deutschen Volke ein viel wichtigerer, gefährlicherer Kampf, als der jetzt ausgebrochene Krieg ist, bevorsteht, der um die Freiheit; aber in diesem Kampfe werden wir auch siegen, wenn auch nur allmählich, denn die Rechtskämpfe eines Volkes sind nicht allein segensreicher, sondern auch mühseliger und weniger glänzend als die Schlachten. – Und für unser Mecklenburg hoffe ich erst recht viel, den Eintritt in den Zollverein haben wir schon in

der Tasche, und Ihr, guten Freunde, könnt getrost die verletzte Verfassung wieder hervorholen und den darauf gefallenen junkerlichen Staub abblasen und sie nagelneu Seiner Königlichen Hoheit präsentieren; ich kann mir nicht denken, daß der mecklenburgische Landtag und die Volksrepräsentation unter einen Hut gebracht werden kann.«
Brief Reuters an Georg Adolf Demmler, vom 16. Juli 1866 aus Eisenach.

Georg Adolf Demmler (1804 bis 1886). Demmler war mecklenburgischer Hofbaurat zu Schwerin. 1848/1849 gehörte er zu den demokratischen Führern der oppositionellen Bewegung im Lande; später schloß er sich der Sozialdemokratie an. 1859 war er Mitbegründer des Deutschen Nationalvereins, dem auch Reuter angehörte. Reuter und Demmler kannten sich seit 1848 und sind Freunde geblieben. Lithographie nach Zeichnung von C. Schultz, Paris 1855.

Dr. Michael Liebmann (1810 bis 1874). Praktischer Arzt in Stavenhagen von 1835 bis 1874. Urbild des »Doktor So und So« in der »Stromtid« (Kapitel 43). Zwischen Reuter und Liebmann bestand ein enges Vertrauensverhältnis. Lichtbild.

»Mein lieber, treuer Bruder ... Wie ich aus den mecklenburgischen Zeitungen ersehen habe, habt Ihr Stemhäger einen lange ersehnten Wunsch meines verstorbenen Vaters, die Errichtung eines Krankenhauses, der Erfüllung nahe gebracht, und da wollte ich doch auch gerne mein Scherflein beisteuern. – Der gütige Gott hat meine Schriftstellerei reichlich gesegnet, so daß ich nach menschlichem Ermessen wohl ohne Sorge in die Zukunft schauen kann; und nun läuft mir da gestern ein hübsches Goldfischlein in mein Netz, und das, denke ich, soll Euch für das Krankenhaus zugute kommen. Mir ist nämlich die große Ehre geworden, daß mir die deutsche Nation durch das Komitee der Tiedgestiftung in Dresden einen Ehrenpreis von 100 Dukaten übermittelt hat ... Und von dieser Summe habe ich für meine liebe Vaterstadt die einliegenden 250 Reichstaler Preußisch Kourant zu dem oben angeführten Zweck bestimmt, der Rest wird in ähnlicher Weise verwendet werden; ich halte es nämlih für unrecht, eine solche ehrenvolle Gabe für Fleisch und Brot und Hosen und Röcke zu verwenden, wenn man's nicht grade hochnötig hat. ... Weil ich seit langen, langen Jahren Dein treues, ehrenvolles Wirken in Deinem Berufe und Deine Liebe und Freundschaft für mich kenne, sende ich diese Gabe an Dich. – Dir, dem Juden, der in trübster Zeit, in Not und in Tod treu zu mir gestanden hat, verdanke ich viel mehr als manchem durch seinen Glauben aufgeputzten Christenmenschen.«
Brief Reuters an Dr. Liebmann, vom 24. März 1867 aus Eisenach.

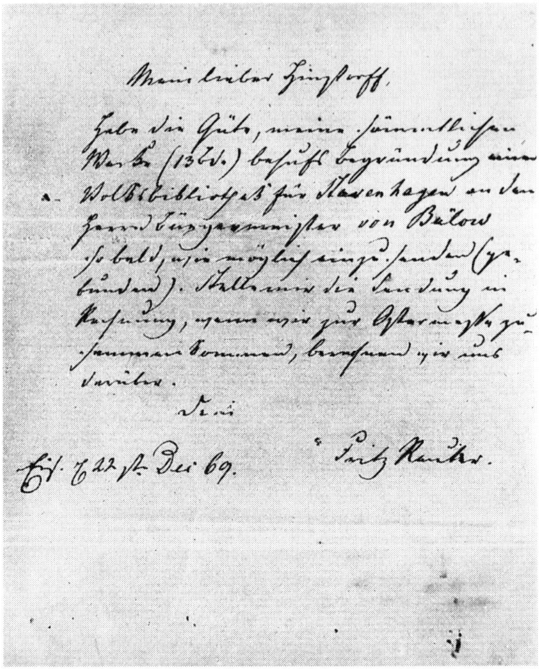
Mein lieber Hinstorff.
Habe die Güte, meine sämmtlichen Werke (13 Bd.) behufs Begründung einer Volksbibliothek für Stavenhagen an den Herrn Bürgermeister von Bülow sobald, wie möglich, einzusenden (gebunden). Stelle mir die Sendung in Rechnung, wenn wir zur Ostermesse zusammen kommen, berechnen wir uns darüber.
Dein
Eis. d. 22st. Dec 69. Fritz Reuter.

Brief Reuters an Dethloff Carl Hinstorff, vom 22. Dezember 1869. Autograph.

»Ich hatte von Anfang an gesagt, ich wolle ein Haus haben von 7–8000 Taler, hatte mich im stillen auf 10 000 Taler gefaßt gemacht, aber nun ... wird's 'ne Geschichte von 15 000 Taler. Das geht mir doch etwas über den Kreidstock! Aber was tun? Die nötigen Sprengarbeiten sind gemacht, die Grundmauern sind fertig ... Soll ich nun die ganze Geschichte umstoßen, anders bauen? Schlechter, kleiner? – Schlecht will ich nicht bauen, es soll nicht heißen, daß ich ein liederlich Gebäude nach meinem Tode in der Welt zurückgelassen habe, kleiner auch nicht, ich will nicht wieder in solchem kleinen Kasten mich halb-tot räuchern. – Also es wird nichts helfen, ich werde in den sauren Apfel beißen müssen. Schön, bequem, überaus passend und ganz vor-

*züglich gut gebaut wird das Haus. ...
Aber mir ist es schrecklich widerstrebend, so teuer zu wohnen; ich, der ich glücklich und zufrieden bei Färber Menz in Treptow jährlich für 40 Taler wohnte, komme nun auf 750 Taler. Ich hatte mir beim Beginn der Bauerei fest vorgenommen, dieselbe zu keiner Quelle von Verdruß und Ärger werden zu lassen; aber da nehme sich einer mal was vor!«
Brief Reuters an Fritz Peters, vom 28. Oktober 1866 aus Eisenach.*

Ludwig Bohnstedt (1822 bis 1885). Führender deutscher Architekt in der zweiten Hälfte des 19. Jahrhunderts. Er erarbeitete die Pläne und Unterlagen für Reuters Villa, die von 1866 bis 1868 erbaut worden ist. Holzschnitt.

Dethloff Carl Hinstorff (1811 bis 1882). Seit 1859 verlegte Hinstorff Reuters Schriften. Von 1859 bis 1874 druckte er 65 Einzelauflagen der Werke Reuters, wofür der Autor ein Honorar von 63 000 Talern erhielt. Lichtbild.

»Nun will ich mir aber auch für die alten Tage von mir und meiner Frau ein eigenes Haus bauen, ein zweckmäßiges und ein schönes; ich lege eine Zeichnung der Fassade hier bei, die ich mir gelegentlich zurückerbitte, damit mein alter Gesellius doch sehe, daß ich nicht umsonst seinen ästhetischen Untericht genossen habe. Die Lage des Hauses ist noch schöner als das Haus selbst; es wird in einer Nische liegen, die ich diesen Winter in den Fels habe sprengen lassen, gerade gegen Süden gelegen, in einem terrassierten, mit großen Bäumen bewachsenen Garten, vor mir, unmittelbar unter mir, das Helltal ... Rechts sehen wir die Wartburg, links ins Marien- und Johannistal. Den Riß des Baues hat der Professor Bohnstedt in Gotha gemacht, den Garten legt Jühlke in Sanssouci an, ein langjähriger Freund von mir und Nachfolger von Lenné. Nicht wahr? das kann schön werden; wird aber auch ein schönes Stück Geld kosten. Indessen hoffe ich doch, wenn ich das Meine zu Rate halte, Ostern 1868 in ein schuldenfreies Eigentum einzuziehen, mit dem frohen Gefühl, daß ich mir alles selbst mit der Feder verdient habe.«
Brief Reuters an August Loescher, vom 17. Januar 1867 aus Eisenach.

Villa Reuter in Eisenach. Schaubildentwurf in Form einer perspektivischen Ansicht. Aquarell von Ludwig Bohnstedt, 1866.

Die Reuter-Villa in Eisenach als fertiger Bau. Fritz Reuter bezog sein Haus am 1. April 1868. Heute befindet sich hier ein Fritz-Reuter- und Richard-Wagner-Museum. Lichtbild.

Türschild von Fritz Reuters Eisenacher Villa. Es sollte bewirken, den überhandnehmenden Besucherstrom vom Reuterhaus fernzuhalten. Lichtbild.

Fritz Reuters Arbeitszimmer in seiner Eisenacher Villa. Foto, 1984.

Luise Reuter und Fritz Reuter in Eisenach. Ölbildnisse von Professor Gustav von Budkowski, 1869.

Olle Kamellen.

VII. Theil.

De meckelnbörgschen Montecchi
un Capuletti
oder
De Reis' nah Konstantinopel.

Von
Fritz Reuter.

Wismar, Rostock und Ludwigslust.
Verlag der Hinstorff'schen Hofbuchhandlung.
1868.

Titelseite der Erstausgabe von »De Reis' nah Konstantinopel«.

»Ich habe mich wieder an die Arbeit gemacht, schreibe meine Reise nach Konstantinopel und sehe der Zukunft getrost in die Augen; das eine, für welches wir beide gelitten, die Einheit Deutschlands, hätten wir so ziemlich erreicht, das andere, die Freiheit, wird auch kommen; wenn wir sie nicht erleben, so kann der Kampf dafür unsern Kindern bleiben.«
Brief Reuters an Albert Schultze, vom 14. Dezember 1866 aus Eisenach.

»Ja! Ich bin sehr zufrieden; in mir hat sich eine Wandlung vollzogen, eine solche Wandlung, daß ich ein eifriger Bismärcker geworden bin. Nicht die Siege der preußischen Waffen – sie könnten scheußlich mißbraucht werden –, sondern das Entgegenkommen gegen die liberale Partei, der Zwang, den er auf den alten König ausübte, der Bruch mit der Junkerpartei, das Zurückschieben des absoluten Herrenhauses und das Jammergeschrei unserer kleinen mecklenburgischen Dynasten, das sind die wahren signa temporis, die, wohl benutzt, uns weiterbringen können und werden.«
Brief Reuters an Franz und Ernst Boll, vom 5. Oktober 1866 aus Eisenach.

»Nach meinem eigenen Urteil ist es bedeutend schwächer als früher erschienene Bücher. Aber was will das heißen? ... so werde ich denn wohl weiterschreiben müssen; aber herausgeben? Das steht auf einem andern Brett. Ich zieh' es vor, von einem freundlichen deutschen Leserkreise zu scheiden, als denselben mit überreifen Birnen zu traktieren.«
Brief Reuters an Johann Carl Lehmann, vom 1. Oktober 1868 aus Eisenach.

Fritz Reuter und sein Hund Joli. Lichtbild, um 1870.

Folgende Seiten: Die Reuter-Villa am Fuße der Wartburg. Holzschnitt nach Zeichnung von Luft, 1874.

Haertel
1874

Fritz Reuters Villa in Eisenach mit Blick auf die Wartburg. Unbezeichnetes Ölbild aus dem Ende des 19. Jahrhunderts.

Fritz Reuter im Garten seiner Eisenacher Villa. Holzschnitt nach Zeichnung von E. Haertel, 1874.

»Mein lieber Hinstorff ..., wie ich über Herausgabe oder Zusammenstellung eines letzten Buches denke, muß Dir doch auch bekannt sein ... Ich mag nicht um jeden Preis dem Publikum geringere Ware bieten, wie es bisher empfangen. Meine Schriftstellerehre ist mir heilig. Ich habe früher mein Herzblut gegeben, aus reellem inneren Drang geschrieben, weil es mich trieb. Und wie es gegeben, ward's genommen. – Das mein Erfolg, mein Stolz – und soll es auch bleiben. Mit Ehren abtreten, nicht mehr pfeifen, wenn es mit dem Singen vorbei. Es ist eine schöne Genugtuung zurückzutreten, wenn man noch begehrt wird, die bewahre ich mir.« Brief Reuters an D. C. Hinstorff, vom 11. Juli 1873 aus Eisenach.

»Seit der Osternacht, von Sonnabend auf Sonntag, der Schreckensnacht mit Brust- und Herzbeklemmungen, wo der Arzt geholt werden mußte und blieb und wir das Schlimmste fürchteten: Herzschlag! liegt nun mein armer Fritz, einen Tag leidlich wohl, den andern viel leidend. Eine ärztliche Konsultation zwischen unseren hiesigen sehr tüchtigen Ärzten und einer Würzburger Autorität hat ergeben, daß die Krankheit hartnäckigster Magenkatarrh, vor allem aber Herzkrankheit sei. Auch die Leber ist sehr leidend, dazu große Nervenerregtheit. Schlaf nur auf künstlichem Wege und gänzliche Appetitlosigkeit.«
Brief Luise Reuters an Marie Peters, vom 31. Mai 1874 aus Eisenach.

Fritz Reuter auf dem Totenbett.
Am 12. Juli 1874 ist Fritz Reuter an einer Herzlähmung gestorben.
Lichtbild vom Hofphotograph G. Jagemann, Eisenach, 1874.

Das Grabmal Fritz Reuters im ursprünglichen Zustand. Nach Entwürfen der Architekten Kyllmann und Heyden ausgeführt im Atelier der Gebrüder Ritter und Riegel. Druck von Ernst und Korn, Berlin, 1876.

Teilansicht des Reuter-Grabmals auf dem Friedhof zu Eisenach. Foto, 1984.

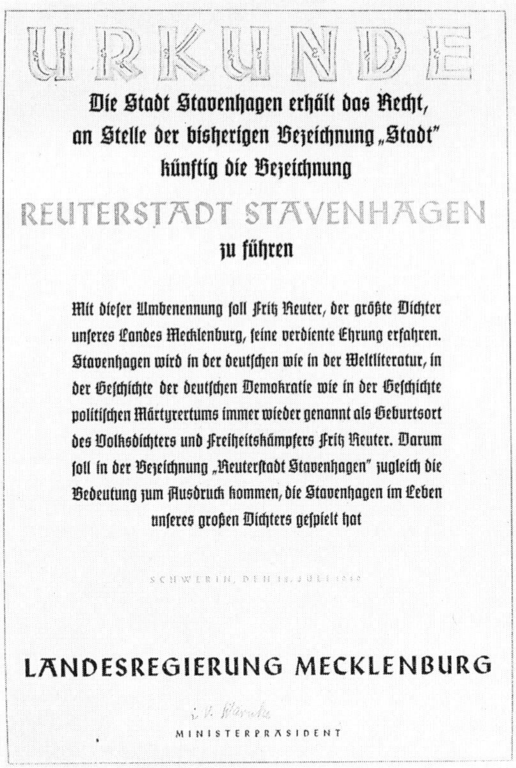

URKUNDE

Die Stadt Stavenhagen erhält das Recht,
an Stelle der bisherigen Bezeichnung „Stadt"
künftig die Bezeichnung

REUTERSTADT STAVENHAGEN

zu führen

Mit dieser Umbenennung soll Fritz Reuter, der größte Dichter unseres Landes Mecklenburg, seine verdiente Ehrung erfahren. Stavenhagen wird in der deutschen wie in der Weltliteratur, in der Geschichte der deutschen Demokratie wie in der Geschichte politischen Märtyrertums immer wieder genannt als Geburtsort des Volksdichters und Freiheitskämpfers Fritz Reuter. Darum soll in der Bezeichnung „Reuterstadt Stavenhagen" zugleich die Bedeutung zum Ausdruck kommen, die Stavenhagen im Leben unseres großen Dichters gespielt hat

SCHWERIN, DEN [illegible]

LANDESREGIERUNG MECKLENBURG

MINISTERPRÄSIDENT

Am 12. Juli 1949 erhielt Stavenhagen von der mecklenburgischen Landesregierung das urkundliche Recht, den Ehrennamen »Reuterstadt Stavenhagen« zu führen.

Das Stavenhagener Reuterdenkmal im Blumenschmuck. Anläßlich der großen Ehrungen Fritz Reuters zu seinem 150. Geburtstag 1960, zum 100. Todestag 1974 und zum 110. Todestag 1984 legten Reuterfreunde aus nah und fern am Dichterdenkmal Blumen, Kränze und Gebinde nieder. Foto, 1974.

Das Fritz-Reuter-Literaturmuseum Stavenhagen. Seit 1960 befindet sich im ehemaligen Stavenhagener Rathaus, dem Geburtshaus Fritz Reuters, das Fritz-Reuter-Literaturmuseum. Die Ausstellung, die 1974 neugestaltet und erweitert worden ist, umfaßt dreizehn Räume, in denen das Leben und die Werke Reuters im Zusammenhang mit den gesellschaftlichen Verhältnissen seiner Zeit dargestellt werden. Foto, 1984.

Folgende Seiten:
Blick in Raum 5 des Fritz-Reuter-Literaturmuseums. Dieser Teil der Ausstellung ist dem Lebensabschnitt: Fritz Reuter in Neubrandenburg von 1856 bis 1863 gewidmet. Foto, 1984.

Blick in Raum 8 des Fritz-Reuter-Literaturmuseums.
Die letzten Lebensjahre Reuters in Eisenach von 1863 bis 1874 bilden den Schwerpunkt der Darstellung in diesem Ausstellungskomplex.
Foto, 1974.

Fritz Reuter. Das Porträt zählt zu den gelungensten Bildnissen Fritz Reuters und ist einer der Hauptanziehungspunkte im Fritz-Reuter-Literaturmuseum Stavenhagen. Ölgemälde von Theodor Schloepke, 1866.

Bildnachweis

Die Originalbildvorlagen und abgebildeten Museumsexponate befinden sich – mit Ausnahme der nachstehend gesondert aufgeführten Dokumente – im Besitz des Fritz-Reuter-Literaturmuseums Stavenhagen.

Reuter-Wagner-Museum Eisenach: S. 12, 13, 42 o., 63, 67 u., 69 o., 86 r., 88 o., 107 r., 109 l., 111 o., 112, 113, 140, 141, 147, 172/173, 176, 177, 179, 185.

Goethe- und Schiller-Archiv Weimar: S. 26, 27, 44, 51, 53, 56, 58, 110 r., 166.

Staatliches Museum Schwerin: S. 127, 139 r., 154 u.

Karbe-Wagner-Archiv Neustrelitz: S. 40, 102 u., 134 o.

Historisches Bezirksmuseum Neubrandenburg: S. 93 r., 128 l.

Kulturhistorisches Museum Rostock: S. 42 u.

Stadtarchiv Rostock: S. 73.

Rat der Stadt Altentreptow: S. 106 o.

Photo-Archiv Eschenburg Warnemünde: S. 83 u.

Kurpfälzisches Museum Heidelberg: S. 76/77 u.

Museum für Deutsche Geschichte Berlin: S. 164.

Archiv Jürgen Borchert, Schwerin: S. 101 r.

Hoffmann von Fallersleben-Museum Wolfsburg: S. 94 l.

Pfarr-Archiv Rittermannshagen: S. 86 l.

Fotos: Hans-Joachim Schubert (S. 14 o., 16 u., 186); Bernd Lasdin (S. 15, 190); Peter Jurtzig (S. 174 u., 175); Hans Wotin (S. 188/189).

Reproduktionen: Peter Jurtzig (19), Peter Franke (1).

Die Abbildung auf Seite 5 zeigt Fritz Reuter in einer Farblithographie von Joseph Kriehuber, 1874, nach einer Zeichnung von E. Haertel.